4차 산업혁명
당신이 놓치는
12가지 질문

4차 산업혁명 당신이 놓치는 12가지 질문

초판 인쇄 2019년 8월 25일
초판 발행 2019년 8월 30일

지은이 남충현 · 하승주
펴낸이 유해룡
펴낸곳 (주)스마트북스
출판등록 2010년 3월 5일 | 제2011-000044호
주소 서울시 마포구 월드컵북로 12길 20, 3층
편집전화 02)337-7800 | **영업전화** 02)337-7810 | **팩스** 02)337-7811
원고투고 www.smartbooks21.com/about/publication
홈페이지 www.smartbooks21.com

ISBN 979-11-90238-02-1 03320

• 본 자료의 내용은 한국은행의 공식 견해가 아니라 집필자 개인의 견해라는 점을 밝힙니다.

4차 산업혁명

미래엔 일자리가 사라진다
vs 같은 소리 200년째 듣는다

당신이 놓치는

인공지능이 인간을 능가한다
vs 인공지능에 맡기면 불안하다

12가지 질문

블록체인은 미래의 화폐다
vs 블록체인은 거품이다

남충현, 하승주 지음

스마트북스

머리말 1

4차 산업혁명 치열하게 묻고 답하다

근래에 우리는 어디서나 4차 산업혁명에 대하여 듣게 되었습니다. 무엇인가 엄청난 변화가 오는 것 같고, 제대로 적응하지 못하면 도태될 것 같은 불안감을 호소하는 사람들이 많습니다. 그러나 그게 구체적으로 무엇인지에 대해서는 다들 뚜렷하게 말하기 어려워하고 있는 실정입니다.

'이것이 4차 산업혁명의 혁신이다', 딱 집어내기 어려운 이유

예전에 PC가 국내에 처음 소개되거나, 인터넷이 처음 등장했을 때에도 지금처럼 미래 신기술에 대한 뜨거운 관심이 일었지만, 그때는 눈에 보이고 손에 잡히는 대상이 있었습니다. 예를 들면 사무실과 가정마다 PC가 보급되고, 집집마다 초고속인터넷 회선이 깔리던 것과 같이 눈에 띄는 변화가 있었습니다. 그런데 지금은 과연 무엇이 4차 산업혁명인지 명확한 그림을 그리기가 어렵습니다. 인공지능이나 자율주행 같은 것이 4차 산업혁명의 신기술로 꼽히지만, 아직 실생활에서 크게 체감할 수 있는 상황은 아닙니다.

4차 산업혁명의 가장 중요한 특징은 일상생활의 모든 곳에 신기술이 스며드는 것이 아닐까 합니다. 모든 산업이 IT 산업이 되어, IT 산업이 따로 존재하지 않게 되는 것이 4차 산업혁명이라고도 합니다. 따라서 "이것이 바로 4차 산업혁명의 혁신이다"라고 딱 집어내는 것이 쉽지 않습니다.

그럼에도 변화는 이미 시작되었다

하지만 인공지능과 같은 4차 산업혁명의 핵심 신기술은 이미 우리 일상 곳곳에 적용되고 있습니다. 예전에는 주차장에 차를 댈 때 주차 티켓을 끊어야 했지만, 이제는 인공지능 기술로 자동차 번호판을 인식하기 때문에 더 이상 입구에서 주차 티켓을 끊을 필요가 없습니다. 내비게이션도 기존 사용자들의 방대한 데이터를 인공지능으로 분석하여 길을 찾아줌으로써 예전보다 더 정확하게 길 안내를 합니다. 인터넷 쇼핑몰에서는 사용자의 인터넷 활용 패턴 데이터를 분석하여 관심을 가질 것 같은 상품을 자동으로 추천해서 보여줍니다. 마치 가랑비에 옷이 젖는 것처럼, 4차 산업혁명은 우리가 모르는 사이에 조용하게 찾아오고 있는 것입니다.

과도한 공포는 금물–업의 본질은 변하지 않는다

4차 산업혁명의 신기술은 경제의 거의 모든 영역에 걸쳐 변화를 일으키고 있지만, 그 변화는 기존에 경제활동이 이루어지던 방식을 부정하기보다는 계승하는 방식으로 이루어지고 있습니다. 예를 들어 구글의 자율주행 자동차는 기존 자동차의 하드웨어를 그대로 활용하여, 거기에 구글의 센서와 소프트웨어를 추가하는 방식으로 개발되고 있습니다. 아마존도 새로운 상품을 만들기보다는 기존 방식대로 만들어진 상품을 새로운 플랫폼을 통해 더욱 효율적으로 판매하고 있습니다. 넷플릭스도 기존의 방식대로 촬영된 영화와 드라마를 새로운 방식으로 펀딩하고 배급하고 있습니다.

이것이 바로 기존의 '업의 본질'은 4차 산업혁명 시대에도 크게 변하지 않을 것이라는 전망에 힘이 실리는 이유입니다.

4차 산업혁명은 기존의 모든 것을 파괴하기보다는 계승하는 혁명, 온고지신의 혁명일 수 있습니다. 따라서 4차 산업혁명 시대에는 기존에 우리가 익숙했던 모든 것들이 마치 필름 카메라처럼 쓸모없어질 것이라는 공포감을 가질 필요는 없습니다.

열려 있는 미래를 위하여

과연 4차 산업혁명은 세상을 어떤 방향으로 변화시킬까요? 그리고 그 변화는 혁명이라는 표현에 걸맞은 수준일까요? 현재로서는 단정적으로 답할 수 없습니다. 미래에 대해 단정적으로 말한다는 것 자체가, 미래는 정해진 것이 아니며 열려 있다는 사실을 부정하는 것일 수도 있습니다.

따라서 이 책은 미래에 대한 답을 제시하기보다는 질문을 던지고자 했으며, 저와 하승주 소장님이 함께 질문을 주고받는 대화 형식으로 구성했습니다. '4차 산업혁명 시대에는 이런 분야가 유망할 것이다'라는 식의 정답을 찍어주는 것이 아니라, 서로 대화하는 과정에서 자연스럽게 4차 산업혁명이 일으킬 변화를 둘러싼 여러 가지 중요한 논쟁의 포인트들이 드러날 수 있도록 했습니다. 이 책은 독자들에게 정답을 주입하는 것이 아니라, 독자들과 함께 질문을 던지고 답을 찾아가고자 합니다.

2019년 8월 남충현

머리말 2

답을 찾아가는 과정은 재미있다

그런데 자율주행 자동차라니……

머지않아 세상에는 자율주행 자동차가 나올 거라고 합니다. 운전자가 아예 없어도 자동차가 알아서 주변상황을 인식해서 안전하게 운행할 수 있으니 정말 편리해질 것이라고 합니다. 이런 이야기를 들으면 당장 운전을 업으로 삼는 분들의 일자리가 걱정되지만, 저는 솔직히 저런 미래 예상이 잘 믿기지 않습니다. 저는 2014년식 승용차를 타고 다니는데, 별별 잔고장에 시달리고 있기 때문입니다.

처음에는 인포메이션 시스템이 먹통이 되었고, 다음에는 클랙슨이 울리지 않았고, 블루투스는 5분마다 연결이 붙었다 끊어졌다를 반복하고, 급기야는 스티어링 휠에 달린 볼륨 버튼이 작동하지 않게 되었습니다. 물론 안전에 큰 영향을 주는 고장은 아니라서 그냥저냥 참고 다닙니다. 그렇지만 자동차라는 기계에 대한 신뢰도가 많이 낮아져 버렸습니다.

그런데 자율주행 자동차라니요. 아무리 그래도 스마트폰의 음악을 블루투스로 들을 수 있게 해주는 기술보다는 자율주행이 어려운 기술일 것 같습니다. 출시된 지 20년이 훨씬 넘은 블루투스도 이렇게 자동차에서 헤매고 있는데 말입니다.

4차 산업혁명이 가져온 맹렬한 변화, 하지만……

4차 산업혁명이라는 말로 특징지어지는 요즘의 맹렬한 변화도 이런 희망과 비관을 함께 보여줍니다. 인공지능, 암호화폐, 사물인터넷과 초고속 무선연결 등이 완전히 새로운 세계를 열 것이라는 낙관의 뒤편에서, 기술 자체에 대한 불신이나 그것이 몰고올 온갖 부작용에 대한 염려도 함께 존재합니다.

20년 전과 지금을 비교해보면, 가장 큰 차이는 역시 스마트폰일 것입니다. 휴대폰에 컴퓨터를 결합한 이 놀라운 상품은 우리의 생활을 근본적으로 흔들어 놓았습니다. 그렇지만 여전히 자동차는 가솔린 엔진으로 달리고 있으며, 암호화폐는 상점에서 받아주는 곳이 없고, 3D 프린터는 가정에 보급될 일이 없어 보입니다. 미래기술이라고 각광을 받았던 수많은 혁신들의 상당수는 시장의 선택을 받지 못하고 조용히 시들어갑니다. 그래서 좀 더 차분하게 묻고 생각해봐야 한다고 느꼈습니다.

답을 찾아가는 과정이야말로 4차 산업혁명답다

4차 산업혁명은 장밋빛 환상과 잿빛 비관 사이의 어느 곳에서 계속 진행되어 나갈 것입니다. 미래를 전망해보는 것은 미래를 맞추기 위해서가 아니라, 지금 현재를 이해하기 위해서일 것입니다. 현재의 연장선상에서 존재하는 것이 미래니까요.

따라서 4차 산업혁명을 이야기하는 것은 미래를 예언하는 것이 아니라, 지금 현재를 좀 더 치열하게 묻고 답하는 일로부터 시작되어야 한다고 믿고, 열심히 질문하고 또 답을 찾아보았습니다. 이 책이 대담의 형식으로 이루어진 것은 질문과 답변이 이어지는 과정이야말로 현재의 4차 산업혁명을 가장 잘 표현할 수 있을 것이라는 믿음 때문이었습니다.

이 책을 집어든 독자 여러분들도 이 과정에 동참해보길 권해 드립니다. 일단 매우 재미있기 때문입니다.

2019년 8월

하승주

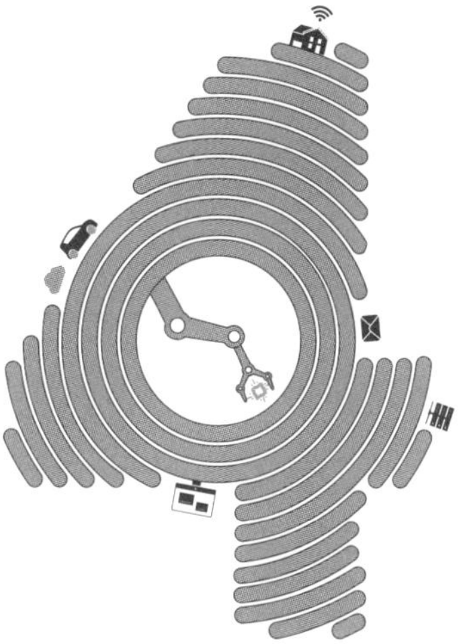

차례

프롤로그

4차 산업혁명

무엇이 연상되는가?

이번엔 다르다 vs
옛날과 똑같은 과장된 희망, 또는 공포일 뿐

하승주 4차 산업혁명이라는 말을 들으면, 가장 먼저 떠오르는 이미지가 두 가지 있습니다.

첫 번째는 인간이 버린 지구에 홀로 남은 작은 청소로봇의 모험담을 그린 장편 애니메이션 〈월-E Wall-E〉에 나오는 지구인들입니다. 환경파괴를 피해 우주선 안에서 수십 세대에 걸쳐 살아가고 있죠. 로봇이 모든 일을 대신해주기 때문에 음료수나 마시며 놀고먹는데다가 우주선 안이다 보니 중력도 약한 편이라 수백 년이 흐르는 동안 아기 같은 고도비만 체형이 되어버렸습니다. 어릴 때 본 만화영화 〈은하철도 999〉 시리즈에도 이와 매우 비슷한 에피소드가 나옵니다. 역시 로봇들이 일을 다해주기 때문에 다들 뚱보가 되어버린 행성의 이야기였습니다.

두 번째 이미지는 〈터미네이터The Terminator〉의 세계입니다. 기계인간인 터미네이터가 미래에서 타임머신을 타고 1984년의 로스앤젤레스로 와서 과거를 조작하여 역사를 바꾸려 합니다. 그런데 이 영화에서 그리는 미래는 매우 암울합니다. 인공지능 방어 전략 시스템인 스카이넷이 핵전쟁의 참화 속에서 반란을 일으켜서 인류를 말살하려고 합니다. 이외에도 인간과 기계의 전쟁 스토리는 헤아릴 수 없을 정도로 너무 많지요. 〈스페이스 오디세이〉도 그렇고…….

남충현 2016년 구글 딥마인드사에서 개발한 인공지능 바둑 프로그램인 알파고가 세계 챔피언 이세돌을 4승 1패로 이기자, AI Artificial Intelligence, 인공지능가 인간을 추월한다는 위기론이 퍼졌지요. 결국 첫 번째와 두 번째 영화 이야기는 둘 다 인공지능이 인간을 추월한다는 점에서는 서로 유사하네요.

___〈월-E〉의 뚱보 우주선은 극단적으로 낙관적인 스토리로 볼 수 있고, 〈터미네이터〉의 스카이넷은 극단적으로 비관적인 스토리인데, 둘은 서로 연결되어 있어 보여요. 두 영화에서 공통적으로 인간은 노동을 하지 않습니다.

두 영화가 그리는 세계는 비슷하지만, 첫 번째는 기계가 인간을 위해 일하는 매우 우수한 도구의 역할에 머물러 있다면, 두 번째는 단

1 장편 애니메이션 〈월-E〉가 그리는 미래 세계는 인간들이 일하지 않고 놀고먹는 세상이다.

2 인공지능 방어 전략 시스템인 스카이넷에 의해 인간이 말살되는 암울한 미래를 그린 영화 〈터미네이터〉 포스터.

3 〈혹성탈출〉 미래에 이름 모를 행성에 불시착한 우주선. 원숭이가 원시인을 지배하는 세계, 그러나 그곳은 이름 모를 행성이 아니라 미래의 지구였다. 사진은 미국 CBS 방송 〈혹성탈출Planet of the Apes〉의 DVD 커버

순한 도구를 넘어서 인간의 뜻과 상관없이 독자적으로 판단하는 단계에 도달한 것이죠.

___사실 우리가 상상하는 미래의 모습을 범주화해보면 두 가지일 것 같습니다. 즉, 똥보 행성이냐, 스카이넷이냐.(번외로 원숭이가 지배하는 〈혹성탈출〉이 있겠네요.) IT 기술이 극단적으로 발전하면 〈월-E〉나 〈터미네이터〉가 그리는 세상, BT 기술Bio Technology, 생명공학기술이 극단적으로 발전하면 〈혹성탈출〉……, 이렇게 생각할 수도 있겠고요.

그런데 IT 분야는 눈부시게 진전되고 있는데, BT 분야는 아직은 그 정도 수준까지 나아갈 전망이 보이지 않는 것 같습니다.

___어쨌건 우리가 SF 영화를 통해서 상상하는 미래 이미지는 위와 같은 형태로 범주화되는데, 미래는 그 두 가지 극단의 중간 어디쯤에서 펼쳐질 것 같습니다.

그렇지 않을 수도 있습니다. 어쩌면 좋은 쪽으로도 나쁜 쪽으로도, 그 어느 방향으로도 충분히 나아가지 못해서, 인간은 그냥 미래에도 계속 지금처럼 힘들게 노동을 하면서 살게 될지도 모르지요. 기술진보가 앞으로도 계속 빠른 속도를 유지할 것이라고 보는 것도 고정관념일 수 있다고 생각합니다.

___요즘 서점의 경제경영서 코너를 보면 '4차 산업혁명'이란 제목을 달고 있는 책이 매우 많습니다. 한때의 유행일지도 모르겠지만, 관심이 이처럼

높은 것은 역시 최근의 기술발전에 대해서 다들 어떤 공포를 느끼고 있어서가 아닐까 생각합니다. 미래가 어떻게 될지 모르겠지만, 아무튼 겁이 나는 것이지요.

그런데 미래에 대한 그런 비전 중에는 옛날부터 비슷하게 쭉 제시되어왔던 것들이 있는 반면, 근래 특히 4차 산업혁명과 관련되어 새롭게 제시되는 것들도 있는 듯합니다.

____우리가 가지고 있는 미래에 대한 공포가 얼마나 근거가 있는지부터 살펴보아야 할 것 같습니다.

미래에 대한 예언 중에서 기계가 인간의 노동을 대체하거나 증폭시킨다는 예언은 계속 실현되어왔습니다. 이를테면 삽 대신 포크레인으로 땅을 파면, 노동자 한 명이 삽을 든 수십 명 분의 일을 할 수 있게 되지요.

하지만 기계의 발전으로 인간이 잉여가 되어 편하게 놀고먹거나, 또는 기계의 노예가 된다는 예언은 둘 다 아직 실현되지 않고 있습니다. 그런 예언은 이미 19세기 영국의 고전학파 경제학자인 데이비드 리카도와 독일의 사상가이자 경제학자인 카를 마르크스로부터 시작해서 계속 반복되었는데 말이지요. 20세기 대표적 경제학자인 케인스도 미래에는 기술이 발전해서 사람들이 일주일에 15시간 정도만 일하고 여유있게 살 것이라고 전망했습니다.

그런데 요즘 4차 산업혁명이 논의되면서 이러한 익숙한 예언이 또 등장하고 있습니다. 과연 '이번에는 다르다This time is different'냐, 아니면 그냥 '옛날과 똑같이 과장된 희망 또는 공포로 드러나느냐'는 것이 관심의 대상입니다.

1~4차 산업혁명은 무엇으로 구분할 수 있을까?

___결국 기술과 노동에 대한 논의가 4차 산업혁명론의 핵심인 것 같습니다. 이 이야기를 하기에 앞서, 일단 4차 산업혁명은 무엇인지, 실제로 존재하는지부터 정리했으면 합니다.

요즘 4차 산업혁명의 도래로 로봇이 인간의 노동을 대체하고 있다는 것이 자주 화제가 되지요. 하지만 인간의 노동을 대체하는 노동절약적 기술진보로 말하자면, 과거 헨리 포드 등에 의해서(컨베이어 벨트와 찰리 채플린의 〈모던 타임스〉로 상징되는) 대량생산시스템이 도입되던 시대[1]에도 자동화의 진전속도는 엄청나게 빨랐습니다. 하지만 그 후 수십 년이 지난 후에도 여전히 노동자가 필요 없어지지는 않았어요. 그러니까 4차 산업혁명이 자동화의 진전이란 측면에서 결정적으로 과거의 산업혁명과 차별된다고 보기는 어렵다고 봅니다.

___그렇다면 4차 산업혁명을 어떻게 정의할 수 있을까요? 그러려면 역시

1) 헨리 포드의 자동차 공장에서 '모델T' 자동차를 한 대 생산하는 데 걸리는 시간은 1910년 12.5시간에서 1914년에는 93분으로 단축되었으며(출처 : Georgano, G. N.(1985)), 같은 기간 생산량은 19,050대에서 202,667대로 증가했다(출처 : R.E. Houston, Ford Production Department, 1927).

1,2,3차 산업혁명부터 이야기해야 할 것 같습니다.

결국 기술은 인류 역사상 언제나 진보해왔습니다. 거의 언제나 인간의 노동을 절약하는 방향으로요. 인간이 석기를 만들었을 때부터요. 그렇다면 과연 무엇이 '산업혁명'이라고 불리는 특별한 불연속적인 경계선을 만드는가가 중요하겠지요.

___맞습니다. 예를 들어 불의 발견, 토기의 발명, 농업혁명 등도 다 기술혁명이라고 부를 수 있으니까요.

1차 산업혁명, 과연 혁명적 변화였을까?

___ 1차 산업혁명은 그렇게 불리는 특별한 불연속적인 경계선이 있나요?

1차 산업혁명은 18세기 무렵부터 영국에서 증기기관의 발명 및 면직물 공업의 발전과 함께 시작된 산업혁명을 말합니다. 사실 이것이 인류 역사상 가장 큰 기술적 전환점이었느냐는 논란의 여지가 있습니다. 앞서 말씀한 불의 발견이나 농업의 시작이 증기기관의 발명보다 더 커다란 진보라고 할 수 있으니까요.

따라서 1차 산업혁명이란 말은 인류 역사 전체가 아니라 근대에 한정해서 첫 번째 산업혁명이란 말로 받아들이면 될 것 같습니다. 그리고 근대를 열어젖힌 18세기 영국의 1차 산업혁명은 기술적으로는 증기기관과 철도의 발명, 산업적으로는 면직물 공업의 발전이 핵심적 특징이지요.

19세기 초 방직공장을 그린 삽화(1835년 작품)

___우리가 보편적으로 쓰는 산업혁명의 역사적 정의를 그대로 가지고 오는 것이겠죠? 그래도 1차 산업혁명의 의미가 작지는 않은 것 같습니다.

그렇지만 1차 산업혁명이 혁명이란 말을 붙일 만큼 변화가 빠른 것이었냐에 대해서는 논란이 있긴 합니다.

1차 산업혁명은 영국에서 대략 18세기 중반쯤에 시작되었다는 의견이 많습니다. 당시 영국의 경제성장률은 대체로 연 평균 약 1% 이하로 추정됩니다. 요즘 기준으로 보면 전혀 혁명으로 부를 만큼 빠른 성장은 아니지요. 그러나 거의 0%의 성장률이 장기간 지속되었고, 약간의 성장이 있어도 기근이 오면 다시 되돌려지던 전근대 시대에 비하면, 단 1%라도 꾸준히 누적적으로 성장한다는 것은 엄청나게 혁명적인 변화였죠.

___제 생각에는 이 18세기 혁신의 결과로 인류가 최초로 최저생계 이상의

삶을 보편적으로 누릴 수 있게 된 것 같습니다. 로버트 C. 앨런 교수의『세계경제사』에서도 이때부터 산업혁명이 일어나는 서구 사회에서는 보편적으로 최저생계비 이상의 소득을 얻을 수 있게 되었다고 하고요.

2차 산업혁명, 1차와 무엇이 달라졌을까?

___2차 산업혁명은 그렇게 불리는 특별한 불연속적 경계선이 있나요?

18세기에 시작된 산업혁명은 점점 진전되다가 19세기 중후반 무렵에 확 가속도가 붙게 됩니다. 이것을 '2차 산업혁명'이라고 합니다. 1차 산업혁명의 연속이 아니라 '2차'라는 단어를 따로 붙여 구분하는 이유는 여러 가지가 있습니다. 우선, 이때 주력산업이 면직물 등 경공업에서 중화학공업으로 대대적으로 교체되기 시작했다는 점을 들 수 있습니다.

___혁신이 축적되다가 그야말로 기술발전이 대폭발하는 시기이겠죠?

그렇지요. 일단 기술적인 측면에서 가장 중요한 점은 기술진보에 자연과학 지식이 응용되기 시작했다는 점입니다.

1차 산업혁명 시대에는 자연과학의 응용이 미미했어요. 면방직기의 발명과 같은 공학의 발전은 자연과학적 기반이 부족한 채 기술자의 경험과 직관에 기반하여 이루어지는 경우가 많았습니다.

그러다가 자연과학 지식이 본격적으로 공학에 응용되기 시작한 것이 대략 19세기 중후반 2차 산업혁명 이후부터입니다. 예를 들면 화학염료와 화학비료의 발명 등 화학지식이 응용된 화학공학 및 관련 산업의 발전이나, 당시 물리학에서 가장 최신 분야였던 전자기학 이론이 적용된 전기공학 및 관련 산업의 발전이 그 예입니다.

정리하자면, 1차 산업혁명 시대의 면직물 방직기나 증기기관 등은 물이 수증기가 되면 부피가 증가한다는 등의 매우 기초적인 과학지식만 알면 되었고, 전자기학과 같은 고도의 과학이론은 알 필요가 없었지요.

그런데 2차 산업혁명 시대에는 과학지식의 전면적 응용과 함께, 산업의 중심이 경공업에서 중화학공업으로 옮겨가게 됩니다. 예를 들어 19세기 후반 발전기와 모터, 변압기의 발명은 모두 전자기 유도 현상이라는 당시 최신의 물리학적 발견이 바탕이 되었기에 가능했고,

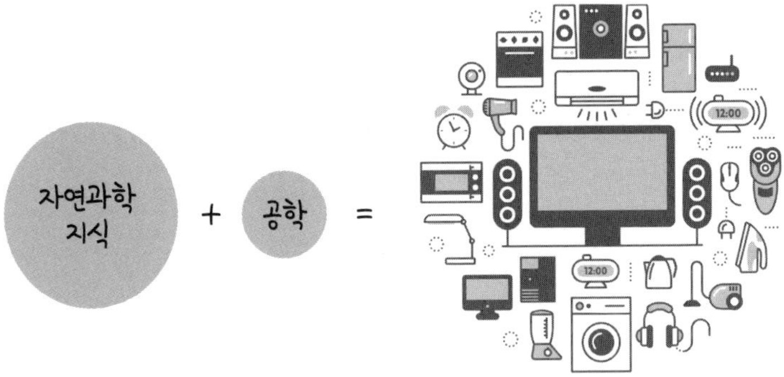

2차 산업혁명 시대의 제품들. 자연과학 지식이 본격적으로 공학과 접목되었으며, 대량생산체제를 위해 거대자본의 집적이 탄생했다.

이러한 발견이 없었으면 전기를 기반으로 한 20세기 문명이 성립될 수 없었습니다.

___지금 우리가 쓰고 있는 현대적 상품의 대부분이 이때 만들어졌죠. 자동차, 기차, 전등, 전화, 냉장고, 세탁기, 라디오, 텔레비전 등. 반도체를 이용한 컴퓨터 제품은 없었지만요.

이 시대에 최신 과학기술을 적용한 신기술 및 신산업들이 등장했어요. 화학공학, 생리학/제약, 전기 등이 대표적이죠. 비행기와 자동차 모두 2차 산업혁명 시대의 발명들입니다. 자동차 내연기관은 물리학의 열역학 지식 등이 적용되었고, 비행기는 유체역학 지식 등이 적용되었지요.

___2차 산업혁명은 1차 산업혁명의 연속선상에 있는 것이 아닌가, 구분이 좀 애매했습니다. 하지만 '과학과 공학의 행복한 결합'이 이루어졌던 시대라고 하면 개념으로도 구분할 수 있을 것 같습니다. 실제로 상품도 폭발적으로 발명되어 나왔고요.

그 이전에는 자연과학과 공학, 즉 과학과 기술은 거의 별개로 보았지요. 그러다가 자연과학과 공학이 밀접하게 연관되어 서로 구분이 모호해지고, 결국 '과학기술'이라고 합쳐 부르게 된 것이 2차 산업혁명 시대입니다.

___17세기에 아이작 뉴턴은 만유인력의 원리를 처음으로 널리 알린 『프린

키피아Principia』를 쓰면서 물리학을 집대성했지만, 그렇다고 그가 어떤 공학적 발명을 한 것은 기억나는 게 없네요. 화폐청에서 위조화폐를 골라내는 기술 정도?

뉴턴은 연금술을 하려다가 실패했지요. 금융공학을 하려다가 실패하고…….

___그런데 20세기 초반에는 공학자들이 과학적 이해도가 꽤 높았죠? 토머스 에디슨이나 니콜라 테슬라Nikola Tesla[2]가 대표적입니다만.

당시 전자기학은 그 후에 나온 상대성이론과 함께 당대 최첨단 과학 분야였습니다. 그런데 전기를 쫙 깔려면 전신주를 설치해야 하잖아요? 발전기와 변전소도 설치해야 하고. 마찬가지로 자동차가 달리려면 도로를 만들어야 합니다. 2차 산업혁명은 이처럼 과학과 기술의 혁신으로 대규모 자본투자 수요를 유발합니다. 1차 산업혁명의 주력산업인 직물산업 등에 비해서 자본투자의 수요가 엄청나게 커지게 됩니다.

1차 산업혁명은 엄청난 대자본가가 주도한 것이 아닙니다. 요즘으로 치면 중소기업이나 중견기업에 해당하는 기업가들이 영국에서 면직물을 생산하면서 산업혁명을 주도했지요. 하지만 2차 산업혁명 시대에는 기술혁신이 대규모의 투자를 이끌어낸 것입니다.

---

2) 니콜라 테슬라는 20세기 초 미국의 전기공학자로서 전류 교류 시스템과 다상 전기분배 시스템, 교류 모터를 발명해 오늘날 냉장고, 세탁기 등의 대형 가전제품과 레이더, 무선통신기술 등에 영향을 미쳤다는 평가를 받는다. 오늘날 자율자동차 등을 개발하고 있는 일론 머스크의 테슬라사의 회사명은 이 니콜라 테슬라의 이름에서 따온 것이다.

___17세기에 이미 네덜란드나 영국의 동인도회사에서 주식 등 다양한 자본축적의 수단과 금융기법이 등장했지만, 20세기의 자본시장 규모에 비하면 거의 새발의 피 수준이었겠죠? 면직물공장을 돌리는 것과 미국의 대륙 철도망 건설은 자본규모에서 비교가 안 되었으니까요. 그러므로 2차 산업혁명의 또다른 특징을 거대규모 자본의 집적 탄생이라고도 할 수 있겠네요.

그렇습니다. 그런데 철도의 경우는 1차와 2차 산업혁명 사이에 끼여서 구분하기가 좀 골치 아프긴 합니다. 증기기관차는 1차 산업혁명 시대에 발명되었으나, 이 역시 2차 산업혁명 시대의 발명처럼 철로 건설이라는 대규모 투자를 견인했거든요.

철로 건설은 2차 산업혁명기에 새로운 제철기술이 나오면서 더욱 확장되었습니다. 이 과정에서 자본의 거대화에 성공하는 국가와 그렇지 못한 국가가 갈리게 됩니다.

미국과 독일은 자본의 거대화에 성공한 경우이고, 영국과 프랑스는 상대적으로 성공하지 못했지요. 그 결과 19세기 후반에 이르러 미국과 독일이 전통적 패권국인 영국과 프랑스를 경제적으로 추월하게 됩니다.

___세계 열강 몇 나라를 제외한 나머지 거의 모든 국가는 이런 발전에서 소외되었고요. 그것이 결국 식민지 시대의 배경이라고도 할 수 있겠네요.

3차 산업혁명은 무엇이 이끌었는가?

___19세기 말에서 20세기 초까지의 화려한 시기가 1·2차 세계대전을 통해서 폭력적으로 단절되고, 전후에 결국 3차 산업혁명이 시작되었다고 할 수 있겠지요?

이렇게 보는 것은 논란의 소지가 좀 있습니다. 왜냐하면 20세기 3차 산업혁명의 시작은 보통 IC 집적회로, 이른바 반도체가 발명된 1960~70년대쯤으로 봅니다. 그러므로 2차 세계대전이 전환점은 아닙니다.

산업혁명의 차수를 구분할 때는 대체로 시기가 좀 모호한 경향이 있습니다. 이전 산업혁명의 시대에 다음 산업혁명 시대의 특징 중 일부가 미리 나타나기 때문이지요.

철도나 증기선은 2차 산업혁명 시대 발명품들의 전형적인 특징을 가지고 있는데, 실제로는 1차 산업혁명 시대에 이미 발명되었지요. TV와 라디오도 3차 산업혁명 시대 발명품들의 전형적인 특징을 가지고 있는데, 실제로는 2차 산업혁명 시대에 발명되었습니다. 심지어 최초의 인공위성 스푸트니크를 1호를 쏘아올린 것도 3차 산업혁명 이전의 시대로 분류되는 1950년대였습니다!

3차 산업혁명은 이른바 반도체 내지는 IC 집적회로의 발명을 시점으로 규정하는 경우가 많습니다. 하지만 사실 현재의 IT 혁명의 단초는 그 이전 시기에 이미 만들어졌습니다.

2차 세계대전 때 독일군의 암호를 해독한 천재 앨런 튜링 박사의 기계식 컴퓨터도 3차 산업혁명 이전에 만들어졌고, 폰 노이만이 현대적인 컴퓨터의 기본원리를 제시한 것도 3차 산업혁명 시작 이전, 이른바 2차 산업혁명 시대였지요.

___최초의 컴퓨터라는 에니악도 1946년에 만들어졌잖아요.

4차 산업혁명이란 말을 유행시킨 클라우스 슈밥 회장이 3차 산업혁명을 IC 집적회로가 발명된 1960년대 후반으로 잡았는데, 사실 3차 산업혁명을 이끈 혁신의 기반은 2차 산업혁명 때 이미 닦여 있었다고 보아야 합니다.

___거기에서 현대(문명)가 탄생한 것이겠죠? 현대의 상품 대부분이 발명되었으니까요.

TV, 라디오, 냉장고, 세탁기, 자동차, 비행기, 현대적인 의약품, 엑스레이 같은 현대적 의료기기 등이 모두 2차 산업혁명 시대에 최초로 등장했지요. 사진이나 영화와 같은 문화적 발명도 이때 있었고요.

___반도체 하나만 없었군요.

반도체는 없었어도 진공관과 트랜지스터까지는 있었습니다. 그러니 2차 산업혁명의 기술만으로도 인공위성을 쏘아올릴 수 있었던 것이지요.

___하기는 진공관만 해도 1907년에 발명되었으니, 3차 산업혁명의 맹아

는 이미 2차 산업혁명 시대에 존재했네요.

3차 산업혁명에서 차이가 나는 것이 뭐냐 하면, IC 집적회로가 나타났다는 것입니다. 이것이 우리가 이른바 '반도체'라고 부르는 것입니다. 진공관이나 트랜지스터와 같은 일을 하지만, 성능이 기하급수적으로 발전한 반면 비용은 훨씬 저렴해지고 크기는 더욱 소형화되었지요. 결국 IC 집적회로는 진공관이나 트랜지스터와 비슷한 역할을 하는 소자를 현미경으로만 보이는 크기로 작게 축소해서 회로기판에 엄청나게 많이 그려넣는 것이 원리입니다. 회로를 전보다 더 작게, 더 가늘게 그려넣어 집적도를 높이는 방식으로 기하급수적 진보가 이루어졌죠.

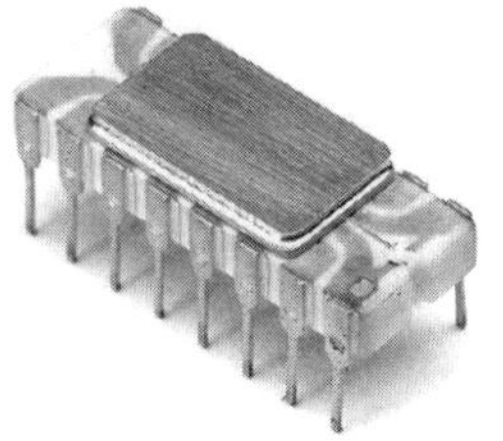

3차 산업혁명
IC 집적회로 발전
고성능화/저가화/소형화

___각종 기술발전, 특히 IC 집적회로 쪽에서는 상상초월의 압도적인 발전이 이루어졌죠. 그것이 바로 '무어의 법칙', '황의 법칙'[3]이라고 하는 것이겠고요.

그러니까 방 하나를 채우던 컴퓨터가 책상 위에 올려놓을 만큼 작아질 수 있었던 것이지요.

___3차 산업혁명도 대충은 이미지가 그려지는데, 이것을 개념적으로 어떻게 정리할 수 있을까요?

한마디로 3차 산업혁명은 전자·정보기술 혁명이지요. 정보처리 능력이 비약적으로 증가한 것입니다. 정보처리 비용은 줄어들고, 정보처리 기기의 크기도 엄청나게 작고 가벼워진 것이지요.

___ 3차 산업혁명은 생산성 증대처럼 확실한 지표상의 발전이나 완전히 새로운 혁신적 진보라기보다는, 2차 산업혁명의 좀 더 확장된 국면 같은 느낌이 듭니다. 기술혁신이 여전히 많이 벌어지는 와중에, 정보처리 기술이 비약적으로 발전했다는 느낌 말입니다.

3차 산업혁명의 특징이 뭐냐 하면, 대부분의 진보가 정보처리와 관련된 부분에 집중되어 나타났습니다. 정보를 다루는 모든 분야에서

---

3) 무어의 법칙과 황의 법칙

컴퓨터의 성능발전이 어떤 속도로 이루어지고 있는가를 정의한 법칙들이다.

'무어의 법칙'은 1965년 인텔의 공동 창업자인 고든 무어가 제시한 법칙으로 "1,000달러로 살 수 있는 반도체의 집적회로 성능은 24개월마다 2배로 증가한다"는 현상이다. 이렇게 성능이 기하급수적으로 증가하면 무시무시한 발전이 이루어지게 되는데, 현실세계에서 실제로 실현되었다는 것이 가장 놀라운 점이다. CPU 제조기업인 인텔 창업자의 말이다 보니 주로 CPU에 집적된 트랜지스터의 숫자가 어떻게 증가해왔는지를 표현하는 원칙으로 쓰인다. 반면 뒤에서 소개할 황의 법칙은 메모리의 집적도가 어떻게 증가했는지를 설명하는 것과 비교된다.

1971년에 개발된 인텔의 첫 CPU인 4040에는 2,300개의 트랜지스터가 집적되었다. 무어의 법칙이 발표된 지 50년 후인 2015년에 발표된 인텔 브로드웰 CPU에는 19억 개의 트랜지스터가 집적되었다. 2015년 이후로는 트랜지스터의 집적도가 물리적 한계로 인해 더 이상 크게 증가하지 못하고, 주로 저전력 기술이나 코어 개수를 늘리는 방식으로 기술발전이 이루어진다. 세계적인 과학잡지인 《네이처》는 2016년 2월호에서 무어의 법칙이 폐기되었다는 기사를 내기도 했다.

'황의 법칙'은 삼성전자의 황창규 기술사장이 2002년에 발표한 것이다. "메모리 반도체의 집적도는 1년마다 2배로 증가한다"는 것인데, 이는 CPU 분야보다 메모리 분야의 집적도 증가속도가 2배나 더 빠르다는 말이다. 정말 황의 법칙이 계속된다면, 10년이면 천 배(1,024배)가 되고, 20년이면 백만 배(1,048,576배)가 되며, 30년이면 10억 배(1,073,741,824배)가 된다. 다행인지 불행인지, 황의 법칙은 2008년까지만 맞았고 이후로는 깨지게 되었다. 물론 황의 법칙이 이루어지도록 만든 것은 주창자인 황창규 사장이 속한 삼성전자였다.

기술적 진보가 이루어졌다고 할 수 있습니다.

예를 들어 인터넷 및 핸드폰의 발명과 같은 네트워크 능력이 비약적으로 발전했습니다. 음성이나 화상과 같은 멀티미디어 데이터의 처리능력도 크게 발전했고요. 그 결과 기존의 음향기기가 소형화되어 소니 워크맨 같은 휴대용 음향기기가 나오고 CD 플레이어, MP3 플레이어 등으로 진화했습니다. 화상정보를 다루는 기기의 정보처리 능력도 비약적으로 발전하여 비디오카메라와 VCR 비디오, DVD가 나오고, 더 나아가서는 디지털카메라가 발명되면서 필름을 대체했는데, 그 배경에는 CCD 또는 CMOS 등 이미지 센서 반도체의 비약적 발전이 있었습니다.

___그 끝판왕에는 역시 스마트폰이 있을 테고요.

그렇지요. 결국 IC 집적회로의 발명과 고도화가 3차 산업혁명으로 불리는 전자산업 혁명 시대의 모든 변화의 배경에 있었던 것입니다.

보통 애플의 아이폰으로 상징되는 스마트폰의 등장과 모바일 네트워크로의 전환은 4차 산업혁명의 시작점이라기보다는, 3차 산업혁명과 4차 산업혁명 사이에 낀 시대쯤으로 보는 경향이 큽니다.

언제나 이런 시대 구분의 경계선은 선명하지 않습니다. TV의 발명이 2차와 3차 산업혁명 사이에 낀 것이나, 철도의 발명이 1차와 2차 산업혁명 사이에 걸쳐 있었던 것처럼요. 이런 기술이 시대전환기적 기술이어서 그렇다고 볼 수도 있지만, 역으로 시대 구분법이 어떻게 해도 인위적이고 불완전할 수밖에 없기 때문에 그런 것이기도 합니다.

4차 산업혁명, IT 산업과 비 IT 산업의 경계를 허물다

___4차 산업혁명도 시대 구분에 약간의 논란이 있는 것 같습니다.

3차와 4차 산업혁명 사이도 경계가 애매합니다. 왜냐하면 3차 산업혁명으로 불리는 시대의 안에서도 스펙트럼이 넓거든요. 예를 들어 현재 주로 쓰이는 세계경제포럼 클라우스 슈밥 회장의 구분법상으로는, 1990년대의 인터넷 확산과 나중에 닷컴 버블로 이어지기도 한 이른바 신경제New Economy[4)]의 호황은 4차 산업혁명이 아니라 3차 산업혁명의 일부로 여겨집니다.

클라우스 슈밥 회장의 구분에 의하면, 1990년대에서 2000년대 초반의 인터넷 혁명은 산업혁명이 아니라는 것이지요. 1960년대 후반 IC 집적회로의 발명 이후에는 1980년대 PC의 확산도, 1990년대 인터넷의 도입도 혁명적 전환이 아니라 3차 산업혁명의 일부일 뿐이라는 것입니다.

저는 사실 이 부분에 대해서는 굉장히 의문을 가지고 있습니다. 그런데 만약 1990년대에서 2000년대 초반의 인터넷 확산을 4차 산업

4) 신경제란 1990년 초반 이후에서 2000년대 초 닷컴 버블 붕괴 사이의 호황기 미국 경제를 지칭하는 용어. 이 시기에 인터넷 비즈니스와 스타트업이 급격하게 성장했을 뿐만 아니라 산업 전반에 걸쳐 PC와 인터넷이 보급되고 IT 기술이 응용되어 생산성 혁신을 일으켰다.

혁명이라고 한다면 지금은 5차 산업혁명이 되겠지요.

___상당히 연속적이잖아요. 딱히 구분을 짓기 어려워요.

그러니 1차와 2차 산업혁명은 그래도 시대 구분이 상대적으로 잘 되는데, 3차부터는 상당히 애매해져요. 그래도 3차와 4차 산업혁명이 뭐가 다르냐 하면, 저는 다음과 같은 점을 꼽고 싶습니다. 즉, 4차 산업혁명 시대에 들어와서는 기존 IT 산업 이외의 분야, 이른바 전통산업 분야가 다시 신성장 산업으로 새롭게 재조명을 받게 된다는 점, 다시 말해 기존의 비 IT 산업에 IT 기술이 대대적으로 융합된다는 점을 가장 중요한 차별점으로 꼽고 싶습니다.

이것이 왜 중요한 차별점이냐고 하면, 앞에서 말했듯이 3차 산업혁명은 전자산업 내지는 IT 산업으로 불리는 기술의 진보가 매우 한정된 영역에서 이루어졌고, 그 이외 경제의 대부분을 차지하는 비 IT 산업 분야에서 기술의 진보는 상당히 한정되어 있었기 때문입니다. 예를 들어 무어의 법칙은 전자 및 IT 분야에만 적용되고, 자동차나 항공 분야에는 적용되지 않았습니다. 자동차나 항공기, 우주 탐사용 로켓이나 우주왕복선 등의 기술진보는 3차 산업혁명의 시대에 들어오면 오히려 더 느려졌습니다.

___자동차나 항공기 등의 기술진보가 3차 산업혁명 시대에 들어오면서 오히려 늦어진 것은 사실인 듯해요. 아직도 1960년대에 만들어진 설계를 그냥 쓰잖아요.

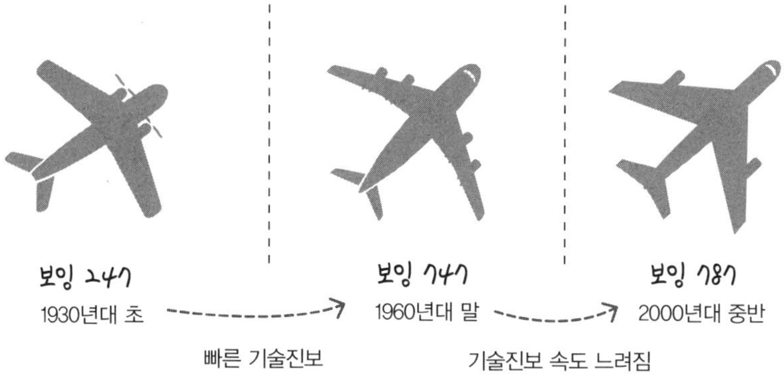

1980년대 컴퓨터와 똑같은 컴퓨터를 지금 쓰라고 하면 절대 못 씁니다. 그런데 1980년대에 나온 자동차나 비행기, 아니 1960년대에 개발된 자동차나 비행기는 지금도 잘만 탈 수 있습니다. 심지어 1980년대에 나온 롤스로이스나 페라리가 지금 자동차보다 더 좋다며 클래식카를 타고 다니는 사람들도 있죠. 지금 우리가 타고 다니는 비행기, 예를 들어 보잉 747 같은 것은 1960년대 후반에 개발된 것입니다.

____개선은 많이 이루어졌지만, 혁명적인 변화는 거의 없었죠.

그렇다고 항공우주 분야와 같은 기존의 비 IT 제조업 분야가 언제나 그렇게 변화가 더뎠던 것은 아닙니다. 2차 산업혁명 시대에는 항공공학과 같은 비 IT 분야가 오히려 현재의 IT 분야만큼이나 기술이 빠르게 발전하던 시기가 있었고, 달 착륙은 그러한 진보의 정점에 있었던 상징적 사건입니다.

문제는 대략 3차 산업혁명으로 불리는 1970년대 이후에는 항공우주와 같은 비 IT 분야의 기술진보 속도가 2차 산업혁명 시대에 비해 오히려 느려지게 되었다는 것입니다.

예를 들어 보잉 247은 프로펠러 여객기였고, 겨우 수십 명의 승객을 태울 수 있었습니다. 그것이 당시 최고의 여객기였지요. 그 후 겨우 30여 년 만에 수십 명이 타는 프로펠러 여객기가 300~400명이 타는 보잉 747 제트여객기로 진화했습니다. 그런데 보잉 747이 나온 지 40여 년이 지나서 보잉 787 같은 신형기종들이 나왔는데, 사실 보잉 247과 747 사이의 엄청난 기술진보에 비할 만한 진보는 없었습니다. 시간 간격은 오히려 747과 787 사이가 10여 년 더 길었는데 말이지요.

___최근에는 양상이 좀 바뀌는 것 같죠? 비행기를 예로 들었는데, 자율비행이 가능한 드론이 등장했으니까요. 자동차 분야에서도 자율주행 자동차가 이슈가 되고요.

과거에는 비행기나 자동차 같은 것은 IT 기술의 눈부신 진보에서 소외된 산업, 사양산업처럼 보였습니다. 하지만 이른바 4차 산업혁명 시대로 접어들면서 반전의 조짐이 나타나고 있습니다.

___드디어 전통산업 분야에 정보기술의 혁신이 적극적으로 결합되는 시기가 된 것이죠. 이것을 4차 산업혁명의 본질적 특징 중 하나로 보는 거죠?

그렇지요. 그러니까 업계에서는 이런 말들을 많이 합니다.

"4차 산업혁명은 사실 2차 산업혁명 시즌 2이다."

물론 이러한 IT 기술의 적용이 4차 산업혁명 이전에도 없었던 것은 아닙니다. 예를 들어 자동차에 CD플레이어가 장착되고, 비행기 좌석에 LCD 모니터가 달리는 식으로요. 하지만 이런 것들은 본질적인 기능이나 기본기라기보다는 일종의 부가적 편의기능입니다. 그러나 4차 산업혁명 시대에는 그러한 기계나 기기들의 핵심적 작동에 IT 기술이 개입된다는 것이지요.

4차 산업혁명은 과연 네 번째 산업혁명이 맞는가?

___자율주행 자동차를 생각하면 이해하기가 쉬울 것 같아요. 정보통신기술이 자동차에 본격적으로 결합하는 방식이니까요. 그럼, 여기서 1~4차 산업혁명을 개념적으로 정리해볼까요?

1~4차 산업혁명은 정확하게 연역적으로 개념이 정의되어 구분된 것이 아니라, 이러저러한 변화가 일어난 것을 보고 나중에 붙인 구분입니다. 그러므로 딱 맞는 정의를 찾아내려 하기보다는 핵심적 특징에 주목하는 것이 더 낫다고 봅니다.

1차 산업혁명은 면직물 공업과 증기기관 등이 중심이 된 최초의 산업혁명이고, 2차 산업혁명은 자연과학 기술이 공학에 적극적으로 응용되면서 화학, 전기, 내연기관 등 이 시기에 이른바 중화학 공업 기술 중심의 혁명이 일어난 것이지요. 자동차, 비행기, 냉장고, 현대적 의약품 등 오늘날 우리가 많이 사용하는 제품들이 개발되었고요.

3차 산업혁명은 IC 집적회로의 발명을 계기로 전자기기 및 정보기기의 소형화·저가화·고성능화를 통해 정보처리 능력의 혁명이 일어난 것입니다. 단지 문자나 숫자 형태의 정보뿐만 아니라 음악이나 사진, 영상과 같은 멀티미디어 정보를 빠른 속도로 처리할 수 있게 되었고요.

그리고 3차 산업혁명 도중에 인터넷이 발명되어 전 세계에 걸쳐 이러한 정보가 연결됩니다. 인터넷의 발명을 3차 산업혁명의 일부로 간주하고 별도로 구분하지 않은 것은 논란의 여지가 있습니다. 어떻게 보면, 1990년대 인터넷의 발명은 현재 4차 산업혁명으로 불리는 변화보다 더욱 근본적인 변화였을 수도 있습니다. 그래서 이 부분은 물음표로 남겨놓고 싶습니다.

마지막으로 4차 산업혁명은 IT 기술이 기존의 전통산업까지 광범위하게 확산되어 경계가 허물어지는 것을 핵심 특징으로 볼 수 있습니다.

___3차 산업혁명과의 연계성 때문에, '4차 산업혁명이 실재하는 것이냐?' 하는 의문들이 많은 것 같습니다.

4차 산업혁명이라는 단어 자체가 생긴 지 얼마 안 되었고, 아직 확고하게 공인받은 것은 아닙니다.

___1~4차 산업혁명 이슈는 현실의 여러 변화들을 귀납적으로 정리해서 범주화하는 것일 텐데요. 오히려 그런 점 때문에 지금 우리 사회의 변화를 포착하는 하나의 방법론이 될 수 있을 것 같습니다.

2016년 세계경제포럼에서 클라우스 슈밥 회장이 4차 산업혁명이라는 말을 쓰면서 널리 퍼지게 되었습니다. 그런데 이러한 변화를 미국에서는 '4차 산업혁명'이라고 하지 않고 '디지털 트랜스포메이션Digital Transformation: 디지털 전환'이라고 합니다.

둘은 이름은 다르지만 가리키는 내용은 같습니다. 인공지능, 빅데이터, 자율주행, O2O Online to Offline, 사물인터넷IoT, Internet of Things이런 것들이지요.

결국 4차 산업혁명이란 명칭은 인공지능, 사물인터넷 등 현재 진행되고 있는 기술 트렌드를 하나로 묶어서 범주화하기 위한 도구로서 나온 것이라고 봐야 할 것 같습니다. 그러니 명칭 자체에 집착하기보다는 그것이 가리키는 구체적 대상들에 더 집중하는 것이 좋을 것 같습니다. 4차면 어떻고 3차면 어떻고 5차면 또 어떻습니까?

1장

4차 산업혁명

경제성장률을 높일 것인가?

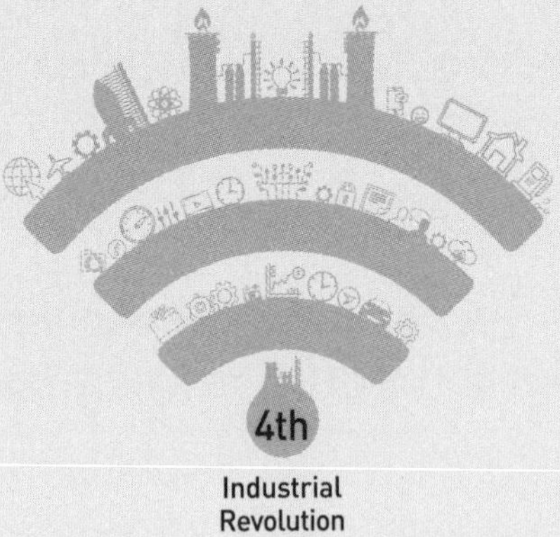

저성장 시대로의 돌입

___앞에서는 4차 산업혁명이라는 주제어에 관해서 특히 '4차'라는 점에 주목했습니다. 1, 2, 3차 산업혁명은 무엇이고, 4차 산업혁명의 특징은 무엇인지에 대해 살펴보았습니다.

이번에는 '산업혁명'이라는 키워드에 주목해볼까 합니다. 최근 기술발전이 눈부시다는 것은 잘 알겠습니다. 그런데 이러한 기술혁신이 과연 '산업혁명'이라는 이름에 걸맞은 경제적 성과를 보이느냐, 이것이 의문입니다.

그러한 의문이 4차 산업혁명 허구론 논란이 나오게 된 이유입니다.

___19세기 후반에 에디슨의 전구가 발명되기 전까지 인류는 밤을 밝히기 위해서 고래기름 등을 태워 등잔불을 밝혔고, 원거리 이동은 말이나 배가 전부였습니다. 20세기를 전후한 기술혁신은 확실히 인류의 삶을 바꾸었고, 21세기가 된 지금까지 그 영향력 아래 있음을 느낄 수 있습니다.

19세기 후반에서 20세기 초반에 자동차, 전구, 비행기가 모두 발명되었지요.

___그런데 최근의 엄청난 기술혁신으로 우리는 그만큼의 생활상 변화나 생산성 혁신을 이루고 있을까요? 이것이 정말 의문입니다.

3차 산업혁명 시대에 PC와 인터넷이 발명되었지요. 그런데 3차 산업혁명 시대에도 그러한 발명이 실제로 경제성장에는 크게 기여하지 못했다는 논란이 많았습니다.

___지금 우리가 쓰는 스마트폰은 1960년대 전 세계의 컴퓨팅 파워를 다 합친 것보다도 더 강력할 텐데, 그 시대에 이미 인류는 그 컴퓨터를 가지고 달에 로켓을 쏘았는데…….

지금은 그 엄청난 연산능력으로 음식 사진을 찍어 SNS에 올리고 있지요.

___지금 인류는 스마트폰을 가지고, 새앵그리버드를 돼지에게 쏘고 있다는 농담도 있어요.

그런데 사실 SNS에 음식 사진을 찍어 올리는 데 드는 연산능력이 아폴로 우주선을 달로 쏘아올리는 데 든 연산능력보다 더 높을 것입니다. 아폴로 우주선의 컴퓨터는 연산능력이 엄청나게 필요한 멀티미디어 데이터를 안 썼거든요.

___최근 우리 생활에서 실감할 수 있는 가장 큰 기술혁신은 스마트폰이고, 그외에는 혁신을 잘 실감하지 못하기도 하거든요.

스마트폰 자체도 4차 산업혁명이라기보다는 3차 산업혁명의 연속선상에 있지요.

___그렇죠. 아주 작은 컴퓨터 통신기기라는 점에서는요.

4차 산업혁명이라면 가장 대표적으로 뽑는 것이 인공지능이죠. 그런데 알파고가 이세돌을 꺾은 것이 우리 생활에 혁명적인 변화를 주었느냐? 아직까지는 그렇지 않죠.

___우리가 가장 일상적으로 접하는 인공지능은 스마트폰의 음성인식비서인 시리Siri 등인데, 여전히 우리나라 말을 잘 못 알아듣는 경우가 제법 많습니다.

무엇보다도 4차 산업혁명에 대한 가장 강력한 반론은 세계가 저생산의 함정에 빠져 있다는 점입니다. 선진국은 3% 성장도 힘들어하고, 한창 성장중인 개발도상국도 과거처럼 10%를 넘나드는 성장을 하는 국가는 거의 없습니다.

그렇지요. 한편에서는 4차 산업혁명에 대해 이야기하지만, 다른 한편에서는 구조적 장기침체Secular Stagnation에 대해서 이야기하고 있는 실정입니다.

지금 미국 경제가 호황이라고 하고, 실업률이 완전고용에 가까운 4% 안팎 수준으로 크게 낮아졌는데도 불구하고, 생산성 지표는 그렇게 대단하지 않습니다. 2017년의 연간 노동생산성 증가율은 1.2%에 불과했습니다.

___성장률은 '생산요소 투입 + 생산성 향상'으로 이루어지는데, 생산요소 투입이 한계에 이르렀다는 점을 감안하더라도, 생산성 지표가 그리 눈에 띄게 향상되지 않는다는 점도 계속 신경이 쓰입니다.

3% 성장도 허덕이는 산업혁명이라는 것이 과연 말이 되느냐? 저는 이것이 가장 큰 의문입니다. 경제학계에서는 이 점을 어떻게 바라보나요?

선진국들을 보면 2차 세계대전 이후 1970년대 초반까지 약 20~30년 동안의 이른바 '전후 황금기'에 가장 성장이 빨랐습니다. 미국 같은 선진국도 무려 4%가 넘는 경제성장률을 기록했지요. TV나 자동차 등과 같은 2차 산업혁명의 발명품들이 급속히 확산되던 시기였고요. 이른바 대량생산, 대량소비의 시대였습니다.

그러다가 1970년대 초중반 선진국에서 1차 오일쇼크1973년를 전후하여 경제성장률과 생산성 증가율의 추세적 감소와 탈산업화로 인한 제조업 고용 감소가 동시에 나타나기 시작했습니다.

선진국의 평균 경제성장률 추이

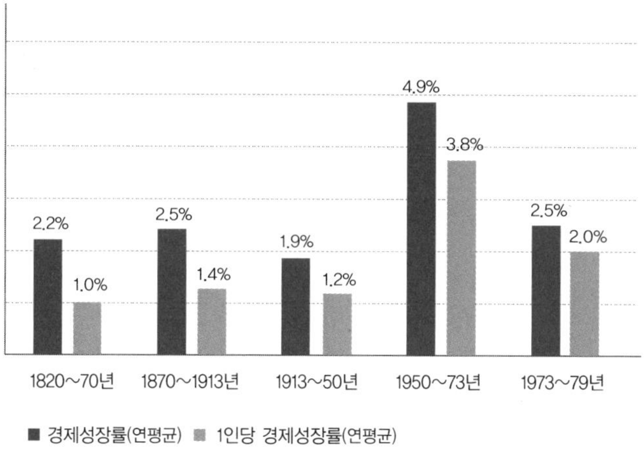

출처 : "Phase of Capitalist Development"(Maddison, 1984)

___우리나라는 그런 현상이 언제쯤 나타났는지요?

우리나라에서 이에 대응하는 시기는 대략 1990년대 중반쯤으로 볼 수 있습니다. 선진국의 1970년대 초처럼 고성장이 꺾이는 시기가 1997년 외환위기와 맞물리게 되죠.

1980년대 PC혁명과 생산성 역설

___1970년대의 저성장 후 어떤 변화가 생기나요?

1970년대 저성장이 그렇게 도래한 이후, 1980년대에 들어와 PC가 발명되면서 급속도로 확산됩니다. IT 기술이 급속하게 확산되고요.

___PC 보급 초기의 생산성 향상은 저도 정말 몸으로 실감하는 현상이었습니다.

문제는 이것이 1970년대 이후의 저성장을 극복하고, 과거의 고성장을 다시 회복시켜주지는 못했다는 것입니다. 그처럼 몸으로 생산성 향상을 체감했는데도 불구하고, 생산성 및 GDP 통계상으로는 1980년대에 그 효과가 잘 나타나지 않았습니다.

노벨 경제학상 수상자인 로버트 솔로Robert Merton Solow가 한 유명한 말이 있지 않습니까?

"컴퓨터 시대가 모든 곳에 도래했으나 오직 생산성 통계에서만은 그것을 찾아볼 수가 없다." 뭔가 편리한 것이 팍팍 느껴지는데, 왜 생산성과 GDP 통계에는 나타나지 않았을까요?

___그것도 참 신기해요. 사무직에서만큼은 정말로 혁신적이다 싶었는데 말이죠. 엑셀이 나오기 전에는 주판이나 계산기를 썼으니까요.

그 이유에 관한 두 가지 설이 있습니다.

첫 번째 가설은 생산성에 미치는 효과가 지연되었다는 것입니다. 즉, PC의 도입과 IT 기술의 확산으로 생산성이 높아지려면 학습 및 적응 시간이 걸리기 때문에, 기술혁신 초기의 과도기에는 생산성을 증가시키지 못했다는 것입니다. 이런 주장이 그럴 듯한 것이, 1990년대 들어서 인터넷이 확산되고 닷컴 버블로 불리는 엄청난 호황이 오면서 생산성 통계 수치가 오르기 시작했습니다. 드디어 '솔로의 생산성 역설'이 깨진 것이지요.

두 번째 가설은 생산성 통계가 IT 기술의 공헌을 제대로 포착하지 못한다는 것입니다. 왜냐하면 생산성은 산출량/투입량인데, 산출량은 결국 시장가격을 1차적 기준으로 측정할 수밖에 없기 때문입니다.

만약 IT 기술의 효용이 화폐가치로 측정이 잘 안 된다면 어떡하죠? 예를 들어 IT 기술이 소비자에게 높은 만족을 주지만 아주 낮은 가격, 심지어 공짜로 제공된다면 매출은 0이 됩니다. 그러면 생산성과 GDP에 미치는 기여도가 0이 되어버리는 것입니다.

예를 들면 구글 검색은 소비자에게 공짜로 제공되며, 구글은 광고주에게만 돈을 받습니다. 문제는 여기서 GDP 통계에 반영되는 부분은 광고주에게서 받은 돈만큼이지만, 소비자들이 느끼는 효용은 구글의 광고비 매출보다 훨씬 더 클 수 있다는 것입니다.

솔로의 생산성 역설과 1990년대 신경제의 도래

___첫 번째 가설에 대해서는 MIT 슬론경영대학원의 교수 에릭 브린욜프슨과 앤드루 맥아피가 『제2의 기계시대』라는 책에서 J커브 효과로 설명했습니다. 아직까지 그 효용이 보편화되기 전이라서 그렇지, 혁신 기술이 제대로 보급되면 그때부터 본격적으로 성장할 거라는 논리였습니다. 그런데 저는 여기에 대해서 반론이 있습니다. J자의 아랫부분이 왜 이렇게 기냐는 것입니다.

앞에서 말한 솔로의 생산성 역설은 1990년대 이후 이른바 신경제의 시대가 되면서 효과가 나타나는 것으로 반전되었습니다.

미국의 성장률 추이(기간별 평균)

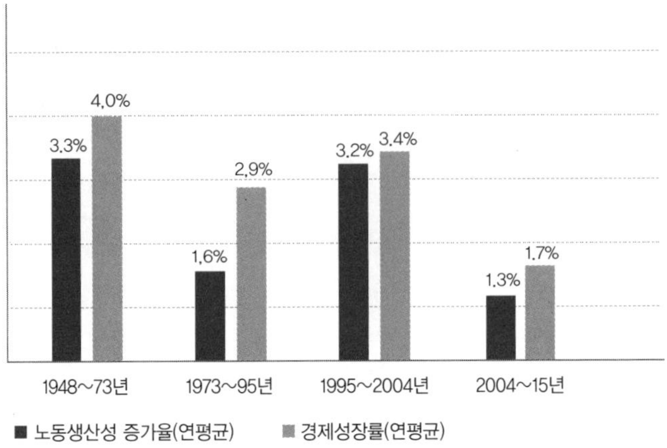

출처 : "Why is U.S. Pruductivity Growth So Slow?" (브루킹스, 2016) & FRED

1970~80년대에 침체를 보이던 미국의 경제성장률과 생산성 증가율은 1990년대 중반 이후에 다시 반등하게 됩니다. 실리콘밸리의 IT 기술혁신이 그러한 반등을 주도한 것으로 여겨지지요.

___신경제는 2000년 나스닥 붕괴로 인해 망가지지 않았나요?

닷컴 버블이 꺼지면서 나스닥이 내려앉기는 했지만 이후 회복되었지요. 하지만 1990년대 미국의 고성장이 다 되돌아온 것은 아닙니다. 미국은 1990년대 클린턴 대통령의 집권기가 정말 좋은 시절이었지요. 비록 전후 황금기에는 못 미쳤더라도요.

1990년대의 IT 기술은 이전과 달랐습니다. 1980년대에는 기본적으로 PC가 고립된 단말기였다면, 1990년대에는 인터넷으로 전 세계의 PC가 서로 연결되었습니다. 어쩌면 1980년대의 PC 기술을 1990년대에 이르러서야 충분히 활용할 수 있게 되었다기보다는, 이때 PC가 인터넷에 연결되면서부터 이전과는 질적으로 다른 파급효과가 생기면서 생산성 통계에 그 효과가 포착된 것일 수도 있습니다.

국가나 산업별로 엇갈리긴 하지만, 대략 1990년대 이후부터는 솔로의 생산성 역설을 어느 정도 극복하고 있습니다. 그러나 2차 세계대전 후부터 1970년 초반까지 전후 황금기의 고성장은 회복되지 않고 있습니다.

___J커브 이론은 신기술이 도입되어 확산되기까지는 시간이 필요하고, 그 시간 동안에는 경제지표상으로 혁신적인 변화가 느껴지지 않지만, 일단 확산되면 발전이 급격하게 이루어진다는 이론이죠.

그럼, 아직까지 J커브에서 상승 국면이 시작되었다는 증거는 발견하기 힘들다는 말씀이지요?

J커브의 상승 국면이 아직 제대로 시작되지 않은 것일 수도 있지만, 2차 산업혁명 시대에는 무척 큰 J커브였다면, 3차 산업혁명의 J커브는 훨씬 더 작은 J일지도 모르죠.

GDP와 생산성의 과소추정 문제

___사실 4차 산업혁명이 말하는 J커브는 진짜 무시무시한 것 같습니다. 인

간의 노동이 거의 기계로 대체되는 신세계가 열린다는 것인데…….

3차 산업혁명 시대의 기술혁신은 대략 1970년대에 가속화된 것으로 보입니다. 그런데 GDP와 생산성 증대효과는 1990년대에 들어와서야 미국을 중심으로 나타나기 시작했고, 2000년대 이후로는 다시 완만해지다가 2008년 세계 금융위기를 겪으면서 성장률이 확 떨어지게 됩니다.

그런데 이런 상황에 대해서도 시각이 좀 갈라집니다. "앞으로 다시 J자로 치고 올라올 거야!"라고 하는 사람들은 최소한 지금이 저성장이라는 점은 인정하는 셈입니다.

그러나 현재의 GDP 통계가 IT 기술의 공헌을 제대로 측정하지 못한다는 것을 매우 강조하는 사람들처럼, 아예 현재가 저성장이라는 것 자체를 부정하는 경우도 있습니다.

GDP 통계가 IT 기술의 효용을 과소 추정하고 있다는 것에 대해서는 대부분 동의하지만, '그것을 감안해도 전 세계적으로 저성장이 맞다'는 것이 다수론이고, 아예 '저성장이란 GDP 측정 오류로 인한 허구'라고까지 주장하는 것은 소수 의견입니다.

___IT 기술의 발전이 매우 혁신적이지만, 부가가치 기준의 GDP로 환산되기 힘들다는 것을, 매트 리들리는 『이성적 낙관주의자』라는 책에서 '전구의 역설'이라는 논리로 설명하는데요.

과거 고래기름으로 조명을 밝힐 때에는 비용이 엄청 비쌌지만 조도는 형편없었지요. 이것이 등유와 전구로 발전해감에 따라서 비용은 크게 줄어들고 실제 조명효과는 수백 배 커졌습니다. 이처럼 효용은 엄청나게 커졌지만, 조명 비용이 엄청 싸졌기에 GDP에 아주 작게 반영되었다는 것이지요.

기술진보로 인한 효용 증대가 생산자의 수익 확대로 가는 것이 아니라, 대부분 소비자 후생 증대로 갔기 때문입니다. 경제학적으로 말하자면 소비자잉여가 증가한 것입니다. 소비자잉여란 소비자가 어떤 물건을 사는 데 지불할 용의가 있는 최대가격과 그 물건의 실제가격 사이의 격차를 말합니다.

전구의 경우, 기존의 등유나 고래기름 조명보다 더 비쌌더라도 당시 소비자들이 기꺼이 살 의사가 있었을 것입니다. 그런데 전구 비용이 오히려 등유나 고래기름보다 가격이 낮았고, 이 차이가 소비자잉여가 되는 것입니다.

좀 더 풀어서 볼까요? 전구 발명 및 확산에서 보듯, 기술발전으로 인해 비용이 절감되는데도 가격을 그만큼 낮추지 않는다면, 같은 신기술을 보유한 다른 경쟁자들이 더 낮은 가격으로 치고 들어와 시장을 빼앗기게 됩니다.

그러면 생산자들끼리 경쟁하다가 가격이 계속 내려가게 되고, 결국 혁신을 통해 비용을 절감하고 품질을 개선한 이득은 대부분 소비자에게 가게 됩니다(소비자잉여).

그럼 신기술이 적용된 제품을 생산하는 기업들의 매출과 이윤은 크게 증가하지 못하거나 오히려 떨어지는 경우도 많습니다. 이렇게 가격하락으로 인해 매출액이 감소하는 경우에는 소비자 후생 증가에도 불구하고, GDP는 오히려 하락한 것으로 나옵니다.

하지만 저성장을 이렇게 GDP 통계의 불완전성으로 설명하려는 시도에는 결정적 한계가 있습니다.

___저도 그거 알 것 같아요. 이런 식의 GDP 인식 오류가 과거에도 똑같이 있었고, 오히려 더 컸을 수도 있다는 것.

맞습니다! GDP 통계가 이렇게 기술진보의 효용을 충분히 반영하지 못하는 성장 저평가 현상이 과연 IT 혁명 때에만 나타난 것인가? 그 이전의 고성장 시대(예:1960년대)에도 똑같이 그랬던 것 아닌가라는 것입니다.

그래서 거기에 대한 재반론으로, 특히 IT 기술은 자동차나 냉장고와 같은 과거의 신기술들보다 상업적인 수익으로 연결되기가 더 어려운 경향이 있다는 주장이 제기되기도 합니다. 예를 들어 IT 서비스의 경우 유료화를 하더라도 돈을 안 낸 소비자를 가려내어 배제하는 것이 곤란하기 때문에, 구글 검색처럼 거의 공짜로 제공되는 것이 일반화되었다는 것입니다.

___IT 서비스에서는 워낙 무료 서비스가 많으니 이해는 됩니다.

예를 들어 과거 종이신문 시절에는 구독료를 낸 사람만 신문을 보는 것이 당연했지만, 인터넷 시대로 오면 언론사 홈페이지나 포털 사이트에서 기사를 공짜로 보는 것을 다들 너무나 당연히 여기지 않습니까? 그래서 언론산업이 침체하게 된 것이지요. 그렇다고 뉴스 기사의 소비량이 줄어들어 다들 보지 않는 것은 아니고, 인터넷 포털을 통해 여러 신문사의 기사들을 골고루 찾아보고 SNS에서 공유하는 사람들은 여전히 많습니다.

우리는 요즘 신문 구독료는 안 내지만, 뉴스 소비는 폭발적으로 늘었지요.

서비스가 이처럼 무료화되면서 소비자는 더 많은 서비스를 향유하는데, 서비스 공급자의 매출은 오히려 줄어들거나 정체되는 패턴이 4차 산업혁명 시대에도 이어져서 나타날 가능성이 있습니다. 예를 들어 인공지능 서비스 같은 경우에는 구글 번역기나 네이버 파파고 번역기처럼, 기존 서비스의 고객만족을 위하여 공짜로 제공되는 경우가 많습니다.

4차 산업혁명은 정말로 혁명적인가?

다시 처음의 논의를 잠깐 되새겨보면, 앞에서 '4차 산업혁명이라 할 만한 생산성 향상이 확인되느냐?' 하는 의문에 대해서는 두 가지 설명이 있다고 했습니다.

첫째는 아직까지 기술혁신이 사회 전반에 보편화되기 전이라서 생산성 향상이 확인이 잘 안 된다는 것이고, 둘째는 IT 기술의 특성상 무료 서비스 등 기술혁신의 효과를 부가가치 기준의 GDP로 측정하기 힘들기 때문이라는 것입니다. 그러나 두 가지 설명 모두 강력한 반론도 제기되고 있기에 다시 한번 질문을 해봅니다.

4차 산업혁명은 과연 '산업혁명'이라고 부를 만한 것인가요? 그렇다면 그것은 어떻게 확인할 수 있나요?

프랑스 혁명이 일어났을 때 루이 16세가 "반란이 났는가?"라고 물으니 신하가 "아닙니다, 폐하. 혁명입니다"라고 대답했다고 하지요. 4차 산업혁명이냐 아니냐도, 이렇게 당시 시점에서는 알기 힘들고 시간이 지나면서 사후적으로 규정될 것 같습니다.

클라우스 슈밥 회장은 1990년대 인터넷 혁명이 3차 산업혁명의 일부라고 분류했는데, 인터넷 혁명을 과연 4차 산업혁명으로 불리는 인공지능이나 사물인터넷, O2O Online to Offline 서비스 등의 변화보다 덜 근본적이었는지는 의문입니다. 그래서 저에게 4차 산업혁명 시기를 구분지어 보라고 한다면, 1990년대 인터넷 혁명을 4차 산업혁명으로 구분짓고 싶습니다.

그리고 요즘 인공지능이나 사물인터넷, 정보통신기술인 ICT 융합, 온라인과 오프라인을 연결하는 마케팅인 O2O 서비스 같은 것은 5차 또는 4.5차 산업혁명 정도라고 생각할 수도 있겠고요.

그런데 이렇게 나누기 시작하면 끝이 없죠. 이렇게 따지면 2차 산업혁명 시대에는 전구 등 전기기술의 도입, 자동차의 발명, 항공기의 발명 등이 전부 포함되는데, 이것을 모두 쪼개어 전기의 발명 전후를 나누어야 한다는 말이 나올 것이고, 또한 자동차의 발명 전후, 항공기의 발명 전후를 나누어야 한다는 말도 나올 수 있을 것입니다. 그렇게 따지면 1차 산업혁명도 증기기관차와 철도의 확산을 계기로 전후기로 나누어야 한다고 할 수도 있고요.

결국 '몇 차 산업혁명이냐?'라고 차수를 따지는 것은 내용의 문제라기보다는 명칭의 문제라고 봅니다. 그러므로 어찌 보면 이런 명칭 문제를 가지고 4차 산업혁명이 맞느니 틀리느니 집착하는 것도 무의미한 논쟁 같습니다.

___말씀하신 대로 이런 논쟁은 말 그대로 지적유희 같은 느낌이 들기도 합니다. 따라서 일단 널리 퍼진 개념을 수용하면서 현재의 쟁점을 풀어가는 것이 훨씬 실용적일 것 같습니다.

4차 산업혁명이라는 명칭보다는 그것이 가리키는 기술적 트렌드의 큰 흐름에 주목해야 하고, 그 트렌드가 4번째 산업혁명이라는 거창한 명칭에 좀 부족하더라도 그 의미가 퇴색되는 것은 아니라는 생각이 듭니다.

예를 들어 영국에서는 공립학교가 아니라 사립학교를 Public School이라고 부르는데 황당합니다. 그러나 영국 사람들은 '아, 상류층 자제들이 다니는 비싼 학교?'라고 다 알아듣습니다. 원래 언어라는 것이 일단 한번 명칭이 붙어 많은 사람이 쓰며 널리 퍼지면, 그 명칭이 합당한가 아닌가에 상관없이 쭉 이어지는 관성이 있습니다.

4차 산업혁명이라는 명칭은 적절한지에 대한 논란의 소지가 있고, 우리나라를 포함해 독일이나 유럽, 아시아권에서는 쓰지만, 정작 IT 산업의 본산인 미국에서는 잘 안 쓰고 '디지털 트랜스포메이션'이라고 합니다. 그러나 이미 이 명칭이 널리 퍼져버렸으니, 버리기보다는 그냥 좀 더 여유있게 받아들이면 되는 것이 아닐까 생각합니다.

"아, 4차 산업혁명이라면 인공지능, 빅데이터, 사물인터넷, 로봇, IT 융합 서비스 등이구나"라고 알아들으면 되지 않을까요? 실제로는 그것이 3.5차나 5차 산업혁명이라고 하더라도요.

___속편하게 미국의 '디지털 트랜스포메이션'이라는 용어를 써버리면 굳이 이런 논쟁을 할 필요가 없을 텐데요.

디지털 트랜스포메이션이란 명칭은 어떻게 보면 4차 산업혁명이란 명칭보다 더욱 원대한 포부를 가지고 있습니다. 세상에서 인간이 만들어낸 모든 것을 전부 디지털화하겠다는 것이니까요.

BMW그룹의 회장인 하랄드 크루거는 '4차 산업혁명이란 디지털 세상과 실제 세상의 연결'이라고 했습니다. 이 말처럼 기존에는 IT와 상관없는 것으로 여겨졌던 일반 기계 같은 물리적 대상들을 모두 IT 기술과 접목시키겠다는 원대한 포부가 담겨 있지요.

결국 정리하자면, 4차 산업혁명이 정확히 4번째 산업혁명인지, 그리고 앞으로 경제성장률을 끌어올려서 구조적 장기침체를 탈출하게 할 수 있을지는 시간이 좀 더 지나봐야 알 수 있고, 아직까지는 전망을 하기에는 너무 이르다고 봅니다.

그렇다고 해서 절대 '4차 산업혁명이 허구'라고 할 수는 없고, 이미 소비자의 후생에 다양하게 기여하고 있습니다. 그러나 그러한 소비자의 후생 증대가 과연 얼마만큼 GDP 증가로 반영될지는 아직 알기 어렵습니다.

___생산(공급 측면)의 효과는 어떨까요?

4차 산업혁명 시대에 생산방식의 주된 트렌드는 2차 산업혁명 시대를 특징짓는 규격화된 재화의 대량생산, 이른바 소품종 대량생산으로부터의 탈피입니다. 이러한 흐름은 새로운 것은 아니고 3차 산업혁명 시대부터 이어져오는 것입니다. 1980년대에 이미 유연생산방식, 다품종 소량생산 방식이 등장했으니까요.

4차 산업혁명의 생산기술, 예를 들면 스피드팩토리나 지능형 로봇 등은 단순히 생산량을 늘리는 것만이 아니라 소비자의 다양한 욕구에 부합하는 맞춤형, 개별화된 상품을 만들어내는 것을 지향하고 있습니다. 그러므로 생산기술 측면에서 4차 산업혁명의 기여 역시 GDP의 수량적 증가보다는 소비자 후생 증대 쪽에서 주로 나타날 것으로 예상됩니다.

2장

인공지능

과연 인간을 능가할 것인가?

인공지능의 작동방식

___인공지능에 관한 수많은 이야기들이 들려오지만, 가장 쉽게 접하는 것은 역시 애플의 음성 인식 서비스인 시리Siri, 구글 딥마인드의 인공지능 바둑 프로그램인 알파고인 것 같습니다. 스마트폰의 인공지능 서비스는 애플뿐만 아니라 구글의 인공지능 비서 서비스인 ok구글구글 어시스턴트이나 삼성의 인공지능 음성 인식 서비스 빅스비Bixby 등도 있지만 다 비슷하고요.

처음 애플의 시리가 나왔을 때만 해도 너무 신기해서 별별 걸 다 시켜보기도 했는데, 저는 사용빈도가 점점 줄어 알람 맞추기 정도나 가끔 씁니다. 시리가 제 말을 못 알아듣는 경우가 많아 답답해서입니다. 그리 어렵지 않은 명령인데도 알아듣지 못하니 뭘 시킬 수가 없더군요.

반면 알파고는 세계 최강의 바둑기사를 실력으로 꺾었습니다. 둘 다 인공지능 기반이라고 하는데, 왜 애플의 시리는 말을 잘 못 알아듣고, 알파고는 세계 최강의 바둑기사가 되었는지, 일단 이것부터가 의문입니다.

인공지능은 인간의 사고와 비슷한 것 같으면서도 매우 다릅니다. 그래서 인간에게는 쉬운 일이 인공지능에게는 어렵고, 인공지능에게는 쉬운 일이 인간에게는 어렵다고도 합니다.

이를테면 엄청난 데이터를 처리하고 반복연산을 하는 것은, 인공지능에게는 쉽지만 인간에게는 어렵습니다. 바둑의 수읽기 같은 경우 인공지능이 인간 프로기사보다 훨씬 더 빠른 속도로 처리할 수 있습니다. 바둑은 룰이 매우 명확하고 단순합니다. 축구는 옐로카드냐 아니냐, 룰을 해석하고 판정을 내릴 때 심판의 주관이 개입되는데, 바둑은 심판도 필요 없을 정도로 룰이 너무나 명확합니다.

인공지능이 인간에 비해 가장 약한 점이 모호한 룰에 적응할 수 있는 유연함이 극도로 떨어진다는 것인데, 그런 모호성이 바둑의 룰에는 전혀 없습니다. 이런 점에서 보면 바둑은 인간의 모든 지적활동 중에서 인공지능을 적용하기에 가장 쉬운 특수한 경우라고 보아야 합니다.

반면에 언어의 경우 비록 문법이 있지만 많은 예외가 있고, 룰이 바둑보다 훨씬 모호합니다. 이러한 모호성은 인공지능이 가장 약한 부분이고, 언어의 복잡한 맥락에 대한 이해는 특히 어렵습니다.

___사실 인간의 말은 문법도 모호하지만, 대화의 맥락이란 것도 있어서 그 맥락을 놓치면 못 알아들을 때가 많긴 하죠.

현재 자동번역이나 대화형 챗봇과 같은 자연어 처리를 보면, 언어의 문법을 이해한다기보다는 수많은 번역이나 대화 사례들에 대한 데이터를 바탕으로 패턴을 유추하는 식으로 작동합니다. 인공지능이 인간 언어의 메커니즘을 완전히 이해하고 대화하는 것은 어느 정도 포기한 상태이고, 현재는 이해를 못하더라도 엄청난 대량 암기로 해결하자는 식으로 접근하고 있습니다.

___여기서 잠깐 질문. 알파고가 처음 대국을 시작하기 전에 대부분의 사람들은 이세돌의 승리를 점쳤습니다. 바둑의 수는 무한대에 가깝기 때문에 현재 인공지능의 연산능력으로는 승리가 불가능하다고 보았습니다. 경우의 수

가 훨씬 적은 체스는 훨씬 전에 이미 컴퓨터가 인간 챔피언을 이겼지만, 바둑은 다를 것이라고들 했지요.

PC 초창기, 즉 386 도스 시절에도 컴퓨터 바둑이 있었지만 실력이 형편없었고, 이후로도 발전했다고는 하지만 바둑 중수도 이기기 힘들었습니다. 그런데 알파고는 어떻게 이세돌을 이길 수 있었을까요?

만약 인공지능이 바둑의 모든 경우 수를 체크하는 식으로 작동한다면 도저히 인간을 이길 수 없었습니다. 그러나 알파고는 이것을 실제 인간이 대국을 한 기보 데이터를 수백만 건 이상 입력해서 보완하는 방식으로 해결했습니다.

예를 들어 가능한 모든 경우의 수를 확인할 수는 없지만, 과거 데이터를 바탕으로 이러저러한 상황에서 A라는 수를 둔 경우와 B라는 수를 둔 경우의 예상 승률을 추정해서 비교할 수는 있으니까요.

___알파고가 예전의 컴퓨터 바둑 프로그램과 다른 점은, 그야말로 방대한 데이터를 수집해서 해석하는 능력이 핵심이겠군요.

과거에는 인공지능을 인간 사고과정의 원리를 이해해서 재현하는 방식으로 구현하려고 했지만, 그런 방식으로는 큰 성과를 내지 못했습니다.

근래에 인공지능 연구는 원리 이해를 어느 정도 포기하고, 대신에 대량 데이터로부터 패턴을 찾아내어 일종의 암기위주 방식으로 문제를 해결하는 식으로 방향을 바꾸었습니다. 따라서 현재의 인공지능 기술은 인간처럼 사고하지 않으며, 인간이 푸는 문제를 풀지만 어떻게 해서 풀었는지 그 원리를 이해하지 못합니다. 반면, 인공지능이 인간이 사고하는 원리를 이해하지는 못함에도 불구하고, 어떻게든 답을 낼 수가 있었다는 것이 중요합니다.

비유하자면, 과거에 사람들은 하늘을 비행하기 위해 새처럼 날개를 퍼덕여서 날려고 시도했지만 모두 실패했습니다. 라이트 형제가 비행에 성공한 것은 새처럼 날개를 퍼덕이는 것을 포기하고, 대신 고정식 날개를 만들었기 때문입니다.

사실 인공지능의 발전은 수십 년 동안 정체 상태였습니다. 그러다가 근래 이렇게 성장할 수 있었던 것은 인간의 사고과정을 모방하거나 지적활동의 원리를 이해해서 문제를 풀겠다는 것을 포기하고, 대신에 대량의 데이터를 바탕으로 패턴 암기식으로 문제를 풀겠다는 식으로 실용적으로 방향을 수정했기 때문입니다.

___약간 안심이 되는 부분이 있습니다. 인공지능이 인간의 사고체계와는 많이 다른 방식으로 이루어진다고 하니, 여전히 인간의 고유한 영역은 남을 수 있겠구나 싶습니다.

그럼 애플의 시리가 나온 지 몇 년이 지난 지금도 어리바리한 것은 역시나 기계가 처리하기 매우 어려운 영역의 문제이기 때문이겠지요?

그래도 과거보다는 꾸준히 개선되고 있습니다. 자연어 처리 인공지능을 보면 잘 처리하는 문장이 있고 그렇지 못한 문장이 있습니다. 직선적이고 단순한 문장이나, 사람들이 자주 구사하는 문장은 잘 처리하는 편입니다. 인공지능의 핵심은 데이터입니다. 데이터가 많이 쌓인 대화 유형은 상대적으로 잘 처리합니다.

따라서 시리 같은 것을 잘 쓰려면 인공지능만 학습하는 것이 아니라, 인간도 인공지능에 맞추어주는 방식을 학습해야 합니다. 인공지능이 잘 이해할 수 있는 패턴으로 질문을 해야 잘 대답할 수 있지요.

___구글이 오래전부터 번역기를 제공해왔지만 질이 형편없었지요. 그래서 형편없는 번역을 보면 "구글 번역기 돌렸나?"라는 말이 자연스럽게 나오기도 했는데요. 최근 몇 년 사이에는 놀라울 정도로 발전해서 질이 좋아진 것을 느낄 수 있습니다.

이런 기계 번역의 세계도 역시 방대한 데이터를 모으고 학습하는 방식으로 이루어지는 것인가요?

그렇지요. 구글 번역 같은 경우, 우리가 외국어를 배우듯이 언어의 문법을 이해하고 거기에 단어를 대입하는 식으로 하는 것이 아닙니다. 구글은 검색 엔진을 통해 과거에 사람들이 A라는 언어에서 B 언어로 번역한 사례를 엄청나게 수집합니다. 예를 들어 영어에서 불어로 번역한다면, 사람들이 번역하면서 A라는 문장은 주로 B라는 문장과 매칭이 되더라는 패턴을 발견해내고, 과거에 축적된 사례에 그 문장을 대입해서 확률적으로 가장 일치성이 높은 문장을 번역 결과값으로 보여주는 것입니다.

인공지능 학습 데이터

___인공지능이라는 신기술의 기반에는 데이터가 중요하다고 계속 강조했는데, 데이터가 없다면 인공지능도 거의 작동하지 못하게 될 것 같은데요. 그럼 인공지능을 가진다는 것은 아주 단순하게 말하면, '데이터를 잘 해석하여 거기서 어떤 룰과 패턴을 발견해내는 것'이라고 정의할 수도 있겠네요. 마치 학창시절에 기출문제를 많이 모아두면 시험에서 비슷한 문제를 쉽게 풀 수 있는 식으로, 기계가 학습하는 것이라고 생각해도 되겠군요.

그렇지요. '과거에 비슷한 패턴의 문제가 있었네? 그때 답이 뭐였지?'라는 식으로 접근하는 것입니다. 다만 인공지능은 기출문제를 암기하는 능력이 인간과 비교할 수 없을 만큼 뛰어나기 때문에, 원리 이해 능력이 형편없는데도 불구하고 인간처럼 시험을 봐서 답을 맞출 수 있는 것이지요. 인공지능은 암기한 패턴과 비슷한 문제가 나오면 인간보다 더 잘 풀지만, 패턴과 잘 안 맞는 문제가 나오면 버벅거릴 수밖에 없습니다.

따라서 인공지능이 기출문제에 해당하는 데이터를 많이 모으면 모을수록 학습을 통해 계속 더 강해진다는 말은 반은 맞지만, 반은 틀린 말입니다. 유형이 너무나 다양해서 기출문제를 아무리 많이 암기해도 다 대응할 수 없는 종류의 시험 문제들도 있거든요. 예를 들면 논술시험처럼 말이지요.

___인스타그램에는 매일 9,500만 장의 사진이 올라오고, 그 이상의 사진

들이 페이스북에도 올라올 것입니다. 그밖에도 매일 생성되는 디지털 데이터의 양은 어마어마하게 많을 텐데요. 데이터들이 아무리 많아도 이를 활용하는 것은 또 다른 문제라는 말인가요?

그렇지요. 그냥 데이터가 있다는 것만으로는 학습 데이터로 쓸 수 없으며, 특정한 형태로 정돈되어야 합니다. 정돈의 과정에는 사람의 손이 반드시 들어가야 하는 경우가 많습니다.

예를 들어 페이스북의 이미지 인식 기능은 유명한 인공지능 기능 중 하나인데요. 실제로 페이스북에 사진을 올리면 이미지 인식 기능으로 내 친구 중에서 얼굴이 비슷한 친구를 자동으로 추천해주고는 "태그tag하겠습니까?"라고 물어봅니다. 그런데 그것이 어떻게 가능할까요?

인공지능을 통한 이미지 인식에서 기본적인 예로 드는 것이 고양이와 개의 사진을 보여주고 구분할 수 있느냐는 것입니다. 인공지능이 이 문제를 풀 수 있도록 학습시키려면 그냥 고양이와 개의 사진이 잔뜩 있다고 되는 것이 아닙니다. 사람이 수작업으로 이것은 고양이 사진, 이것은 개 사진, 이렇게 분류해주어야 합니다. 인공지능은 사람이 분류해놓은 사진 수천만 장을 보고, 어떤 사진은 개로 분류되고, 어떤 사진은 고양이로 분류되는지 패턴을 찾아내는 학습을 하게 됩니다. 이것을 '지도 학습Supervised Learning'이라고 합니다.

물론 인간의 가이드를 거치지 않는 '비지도 학습Unsupervised Learning'도 있지만, 지도 학습에 비해서 훨씬 제한적으로만 가능합니다. 예를 들어 데이터가 마구 섞여 있으면 그 속에서 구획을 긋는 클러스터링 작업이 가능합니다.

한마디로 데이터는 많으면 많을수록 좋지만, 많기만 해서는 쓸모가 없습니다. "구슬이 서 말이라도 꿰어야 보배다"라는 말은 인공지능 학습 데이터에도 적용되는 말입니다.

인공지능과 빅데이터

___인공지능을 말하면서 데이터의 중요성을 계속 강조했는데, 결국 빅데이터에서도 역시 강조하는 부분이기도 합니다. 그럼 빅데이터 분석과 인공지능은 어떤 관계인가요?

빅데이터 분석과 인공지능은 서로 매우 관련이 깊습니다. 둘 다 대량의 데이터를 인풋Input으로 활용한다는 점, 기계가 이해할 수 있는 형태로 가공해주어야 한다는 점은 같습니다.

그런데 아웃풋Output의 형태에서는 서로 다릅니다. 빅데이터의 경우 아웃풋은 인간 전문가가 데이터를 통계적으로 분석해서 내놓은 인사이트입니다. 주로 보고서나 리포트 형태로 나옵니다. 텍스트뿐 아니라 차트나 복잡한 시각화 이미지를 넣기도 합니다.

그러나 인공지능은 주로 자동화된 액션이 그 결과물입니다. 데이터를 바탕으로 패턴을 찾아낸 다음에 실제로 문제해결에 적용해서 액션을 취하는 것이지요. 예를 들어 번역을 하거나 대화를 하거나 자동차를 운전하는 식으로 말이지요.

___개념적으로는 구별되는 것 같지만, 실제 영역에서는 교집합으로 겹치는 부분이 많을 것 같은데요?

일단 빅데이터가 말 그대로 큰(방대한) 데이터라는 것은 분명한 것 같습니다. 그러나 데이터가 크다고 모두 빅데이터가 되는 것은 아닐 텐데요. 빅데이터라고 말할 수 있는 특징은 무엇인가요?

옛날에도 요즘 빅데이터라고 불리는 데이터들보다 더 방대한 기록들이 없었던 것이 아닙니다. 예를 들어 토지대장이나 주민등록 같은 정부의 행정기록이나 은행의 거래장부 등은 컴퓨터가 나오기 전에도 이미 굉장히 방대한 규모였습니다. 이것들은 기록을 남기기 위한 목적으로 의식적으로 만들어낸 기록들입니다. 미리 정해진 형식에 맞추어 생성된 기록이고요.

그런데 요즘 빅데이터라고 불리는 것들은 어떤 것이죠? 예를 들어 아마존에서 관심 있는 물건을 검색하면, 아마존은 고객들이 물건을 검색한 기록을 전부 모아 커다란 데이터셋을 만듭니다. 그리고 그것을 자체적으로 분석해서 패턴을 찾고 '소비자들에게 이런 상품이 인기가 있더라'라는 정보를 만들어냅니다.

이때 소비자가 기록을 남길 목적으로 아마존에서 검색한 것은 절대 아니죠? 빅데이터 분석은 의도적인 기록이 아니라, 이처럼 사용자들의 행동을 통해서 자동적으로 생성된 데이터들이 쌓이고 그것을 분석해서 의미를 찾아내는 것입니다. 이것이 기존의 기록 분석방식과 차별되는 점이죠. 그래서 빅데이터 분석에서 중요한 것은 의도하지 않게 생성된 데이터를 의도한 목적에 부합하게 가공하는 과정입니다.

___처음 예로 든 방대한 토지대장 같은 경우는 매우 규격화된 데이터지만, 그래도 경제학자들이 이것을 토대로 경제사를 연구할 때에는 엄청난 수작업이 필요하죠. 그런데 아예 처음부터 정형화되지 않은 데이터를 활용하려면 더욱 많은 작업들이 필요할 것 같습니다.

빅데이터의 핵심이 '의도되지 않은 데이터의 활용'이라면, 데이터 수집 과정보다는 오히려 '데이터를 활용 가능한 형태로 정리정돈'하는 것이 핵심인 것 같습니다. 실제로 그런가요?

데이터 형식은 아주 약간만 달라져도 호환성이 깨져버립니다. 빅데이터든 인공지능이든 데이터 형식을 정돈하고 표준화하는 것이 가장 중요한 첫걸음입니다. 어느 것이 더 어려운지는 경우에 따라 다르지만, 많은 경우에 데이터 확보 그 자체보다도 그 데이터를 가공하고 기계가 학습할 수 있는, 기계 판독이 가능한Machine Readable 형식으로 가공하는 과정이 더욱 어렵지요. 이 과정에서 수많은 수작업이 따르는 경우가 많아서 문제인데, 기술이 발달해서 상당히 자동화할 수 있게 되었습니다. 그러나 아직 완전히 자동화할 수는 없고, 아마 앞으로도 그런 작업을 완전하게 자동화할 수 있을지는 의문입니다.

이렇게 데이터를 정리하는 사람이 해당 분야에 대한 이해도가 높은 경우에 데이터 처리의 효율이 더 높아집니다. 인공지능과 빅데이터 분석 역시 근간은 사람에 달린 것입니다.

3장

자율주행

앞으로 인간이 운전할 필요가 없어질까?

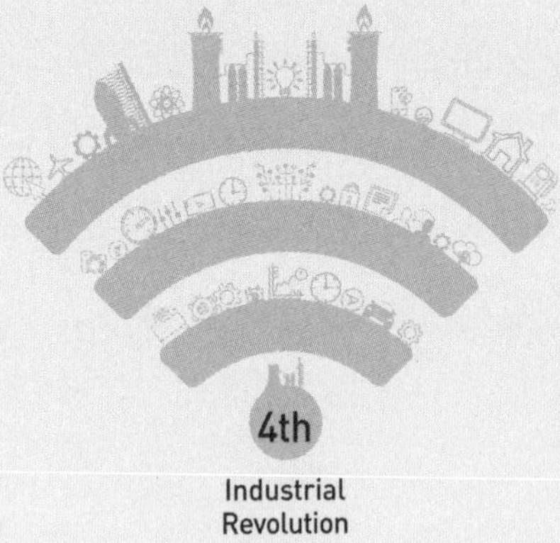

자동차 자율주행, 어느 단계까지 왔을까?

___최근 자동차 업계의 가장 큰 이슈는 크게 두 가지입니다. 첫째는 자동차의 동력 전달계인 파워트레인의 전동화이고, 둘째는 역시 자율주행입니다.

전동화는 전적으로 배터리 기술의 발전에 달려 있는데, 하이브리드나 배터리 전기차의 비중이 높아지고 있으며, 이미 기술적 기반은 거의 완성되어 있는 듯합니다.

문제는 자율주행입니다. 자율주행은 말 그대로 자동차가 스스로 운전을 하는 것인데, 최근 많은 이슈를 낳고 있습니다. 자율주행차가 사고를 내면 누구의 책임이냐는 법률적 문제도 있고, 도로에서 찰나의 순간에 급박한 판단을 해야 할 때 어떻게 해야 하느냐는 윤리적 문제도 있습니다. 그런데 이것은 사실 '완전한 자율주행'이 이루어졌다는 가정에서 일어나는 문제입니다.

그러니 일단 완전한 자율주행이 가능한지, 실제로 기술이 어떤 식으로 개발되고 있는지부터 알아봐야 할 것 같습니다. 현재 자율주행은 어떤 단계에 와 있는지요?

자율주행에는 여러 단계가 있는데, 제일 낮은 단계는 우리가 '어댑티브 크루즈 컨트롤Adaptive Cruise Control'이라고 하는 것입니다. 자동으로 속도를 조절하여 앞차와의 간격을 유지하는 것만으로도 인간 운전자의 피로를 상당히 줄여줄 수 있습니다. 그러나 어댑티브 크루즈 컨트롤은 단지 차의 속도만 자동으로 조절되고, 핸들 조작을 통한 방향 전환은 자동으로 되지 않습니다.

자율주행 기술이 이보다 좀 더 나아가면, 고속도로나 차량 전용도로에서 스스로 차선을 따라가는 단계입니다.

그다음 단계는 차량 전용도로가 아니라 일반 시내주행까지 하면서 길을 찾아가고, 차선을 변경하고, 갑자기 끼어드는 차나 무단횡단하는 보행자와 같은 우발적 상황까지 전부 대처할 수 있는 단계입니다. 이처럼 차량 전용도로만이 아니라 모든 도로에서 자율주행이 가능하고, 시내주행의 예측 불가능한 상황에도 유연하게 대응할 수 있다면 완전한 자율주행이라고 할 수 있을 것입니다.

자율주행에서 가장 유명한 것은 구글의 웨이모Waymo입니다. 이 차는 캘리포니아주를 시작으로 미국 25개 도시의 실제 도로에서 자율주행 시험 운행을 했습니다.

____구글 웨이모는 자율주행이 어느 정도 가능하죠?

완전한 자율주행이 가능하지만, 비상상황에 대비하여 인간 운전자가 탑승한 채로 자율주행 시험 운행을 했습니다. 평소에는 운전대를 놓고 자율주행 모드로 내버려두다가, 도중에 인공지능이 도로상황에 제대로 대처를 못해서 위험할 것 같으면 인간 운전자가 핸들을 빼앗아 위기상황에서 탈출합니다. 마치 운전강사가 연수 차량에 학생과 같이 타서 지켜보다가 개입하는 것과 비슷합니다.

지정된 도로에서는 대부분 성공적으로 자율주행을 했지만, 일부 상황에서는 상황 통제에 실패해서 인간 운전자가 핸들을 빼앗기도

구글 무인자동차 웨이모가 도로에서 시험 운행을 하고 있다.

했다고 합니다.

캘리포니아주에서는 구글 웨이모에 실제 도로 시험 운행을 허용하는 대신, 자율주행 모드가 에러를 일으킨 경우를 모두 주정부에 보고하도록 했습니다. 2014~15년에 49대의 구글 자율주행차가 총 68만 2천 킬로미터를 시험 운행하는 동안, 인간 운전자가 실제로 341번 개입했다고 합니다. 그중에서 272번은 자율주행 장치에서 에러를 감지하고 자동으로 인간 운전자에게 핸들을 넘겼고, 69번은 인간 운전자가 위험을 감지하고 핸들을 직접 조작한 경우입니다. 그중 최소 13번은 인간이 개입하지 않았으면 충돌사고가 발생했을 상황이었다고 합니다(〈가디언〉, 2016년 1월 12일자 기사).

따라서 현 상황은 크게 복잡하지 않은 도로에서는 완전 자율주행이 가능하지만, 오류 위험이 있기 때문에 인간 운전자가 항상 감시하고 있어야 하는 수준이라고 보면 될 것 같습니다.

완전 자율주행의 난점

___지금도 자동차 회사들은 독자 브랜드를 만들어 반자율주행 옵션들을 묶어 선보이고 있습니다. 현대자동차의 스마트센스, 기아자동차의 드라이브 와이즈, 혼다의 센싱 등입니다.

보통 어드밴스드 크루즈 컨트롤Advanced Cruise Control, 앞차와의 간격을 인식하여 앞차가 서면 따라 멈추고, 앞차가 출발하면 같이 출발하는 기능에다 차선 유지, 전방 추돌 방지, 후측방 차량 감지 등의 기능이 들어갑니다. 최근 이런 옵션 묶음은 200만 원 정도인데, 이 정도면 거의 전면 보급 단계에 들어와 있다고 볼 수 있지요. 반면 구글 웨이모는 2009년부터 10년째 테스트만 진행 중입니다.

게다가 최근에는 우버에서 시험 중이던 자율주행차가 보행자 사망사고를 일으켰고, 테슬라도 자율주행 도중에 고속도로에서 운전자 사망사고가 발생했습니다. 현재의 반자율주행 옵션과 개발 중인 완전 자율주행 기능 사이에는 엄청나게 큰 간격이 있는 것 같습니다. 그만큼 자율주행은 어렵다는 뜻이겠지요?

앞에서 인공지능이 바둑 같은 것은 잘해도 인간의 언어에 대한 인식은 굉장히 서툴다고 했지요? 자율주행도 인공지능의 응용이므로 인공지능 기술의 일반적 특징이 그대로 반영됩니다.

인공지능은 분명하게 정의된 룰을 가지고 대응할 수 있는 루틴한 상황에서는 적응을 잘합니다. 그러나 게임의 룰이 매우 복잡하고, 루틴에서 벗어나는 예외적인 상황이 자주 발행하는 경우에는 매우 취약합니다.

고속도로에서 차선을 따라 계속 달리는 경우나, 대관령처럼 인간 운전자가 힘들어하는 급경사가 반복되는 길도 잘 통과합니다. 문제는 시내주행에서 발생하는 수많은 예외적 상황입니다. 예를 들어 갑자기 끼어드는 차에 대응한다든가, 좌회전이나 유턴을 하면서 서로 차선이 겹친다든가, 보행자가 갑자기 무단횡단을 해서 도로에 뛰어든다든가 등……. 자율주행차는 이와 같은 불규칙적이고 돌발적인 상황에 대처하는 데는 아주 취약합니다.

바로 이 점이 이미 오래전부터 전철이나 비행기에는 자율주행이 실용화되었는데, 자동차의 자율주행은 훨씬 더딘 이유입니다. 현실적인 방법이 반자동인데, 고속도로나 차량 전용도로처럼 인공지능이 잘 적응할 수 있는 상황에서는 자율주행 모드로 달리고, 복잡한 시내도로 같은 경우 인간이 운전대를 잡는 것입니다. 이것은 이미 여객기 운행에서 하고 있는 방법입니다. 이착륙은 복잡하고 돌발상황이 많이 발생하므로 인간 조종사가 담당하고, 대신에 이륙하고 나서 크루즈 비행을 할 때는 오토파일럿 모드에 맡기는 것입니다.

그런데 이 단계를 넘어서 완전 자율주행까지 가는 것은 굉장히 어렵습니다.

___도요타 같은 선두기업도 완전 무인자동차에 대해서는 잠정적으로 미루어두고 있는 형편이지요.

자율주행차가 과연 더 안전한가?

___인간은 너무 위험하기 때문에 운전대를 맡길 수 없다면서 자율주행 자동차를 강조하는 의견도 있습니다.

사실 음주운전, 졸음운전처럼 운전자의 문제나 고의로 하는 난폭운전 등으로 인한 사고가 압도적으로 많습니다. 만약 무인운전이 가능해지는 수준이라면, 이런 사고는 아예 없어질 것이고 도로는 더 안전해지지 않을까요? 자율주행차들의 세계를 만드는 것이 그렇게 어려운 문제일까요? 어중간한 반자율 주행이라면 오히려 운전자의 주의를 산만하게 만들어 사고확률을 더욱 높일 수 있으니 아예 무인운전을 시켜야 한다는 의견도 있습니다. 오히려 인간이 너무 위험하니, 얼른 무인운전 시스템을 만들자는 의견에 대해서는 어떻게 생각하는지요?

인간이 운전하는 것보다 자율주행이 더 안전하다는 것은 '기계는 인간과 달리 고장이 나지 않는 한 실수를 하지 않는다, 그리고 기계의 고장은 품질관리를 철저히 하고 정비를 제대로 하면 거의 0에 수렴할 것'이라는 생각에 바탕을 두고 있습니다. 이것이 일반적인 컴퓨터 소프트웨어나 기계 작동의 경우에는 맞는 이야기지만, 현재의 인공지능은 그렇지가 않습니다.

요즘 머신러닝Machine Learning이니, 딥러닝Deep Learning이니, 강화학습Reinforcement Learning이니 하는 인공지능 기술들은 정확하고 확정적인 답을 구하는 것이 아니라, 수많은 데이터를 바탕으로 통계적으로 일반화된 확률적 답을 구하는 시스템입니다. 기존 컴퓨터 소프트웨어의 작동방식이 미리 정해진 규칙대로만 움직인다는 점에서 연역적이라고 한다면, 인공지능 기술은 케이스들을 일반화해서 스스로 작동의 룰을 찾아낸다는 점에서 귀납적입니다. 그래서 현재의 인공지능은 확률적으로 언제든 틀린 답을 내놓을 수 있습니다.

즉, 미리 프로그램된 대로 움직이는 일반적인 기계는 고장이 나지 않는 한 에러가 발생하지 않고, 에러가 발생하면 곧 고장을 의미하지요. 하지만 인공지능은 고장이 나지 않아도 확률적으로 꾸준히 에러가 납니다. 즉, 에러가 나는 것 자체가 정상 작동의 일부라는 것입니다.

자, 그렇다면 확률적으로 에러가 발생할 수 있는 현재의 인공지능 시스템이 운전을 한다면 어떻게 될까요? 마치 인간 운전자가 확률이 낮긴 하지만 단순 실수로 인해 사고를 내듯, 인공지능도 비록 낮은 확률이긴 하지만 꾸준히 사고를 낼 수 있다는 것입니다.

___사람이 주판을 이용해서 계산하는 것은 틀릴 위험이 많으니, 엑셀을 이용하라는 것은 맞는 말이지만, 그렇다고 사람이 자동차를 운전하는 것은 위험하니 무인자동차를 이용하자는 말은 꼭 들어맞는 말은 아닐 수 있겠군요. 그래도 역시 '통계적'으로 사람의 음주나 졸음, 난폭운전으로 인한 사고의 비중이 압도적으로 높다면, 기계에게 맡기는 것이 더 낫지 않을까요?

그것은 어떤 도로 구간을 달리느냐에 따라 다를 것입니다.

고속도로에서 야간에 트럭 운전자의 졸음운전으로 사고가 나는 경우가 많아서 문제가 되지 않습니까? 그래서 야간에는 트럭 때문에 고속도로를 달리기가 무섭다고 하는 사람들도 있고요. 고속도로 구간에서 차선을 따라 달리는 것은, 자율주행으로 구현할 때 가장 신뢰성이 높고 에러가 거의 발생하지 않는 영역입니다. 인공지능은 피곤하다고 졸음운전을 하지도 않으니 더 안전할 수 있겠지요.

그러나 시내의 복잡한 도로상황에서는 인공지능이 적응하지 못하고 오류가 발생하면서 사고가 날 수 있는데, 문제는 인간이라면 매우 쉽게 빠져나올 수 있는 상황도 인공지능은 유연성이 크게 떨어져서 피하지 못하고 사고가 날 수 있다는 것이지요. 도로의 특성에 따라서 오히려 인공지능이 더 위험한 경우도 생길 수 있습니다.

예전에 영국 BBC에서 테슬라 자동차를 자율주행 모드로 테스트 도로에서 달리게 했습니다. 앞차가 갑자기 속도를 줄이면 거기에 맞추어 속도를 줄이면서 정확하게 잘 섰습니다. 도로를 달리면서 스스로 흐름을 따라갈 수 있는 것이지요.

문제는 앞차가 아니라 앞의 앞차가 갑자기 속도를 줄였고, 바로 앞차가 그것을 피하려고 옆 차선으로 빠져버린 경우입니다. 이런 경우 인간 운전자는 '아, 앞의 앞차가 갑자기 멈추었구나!'라고 눈치로 파악하고 브레이크를 밟아서 추돌을 피합니다. 그러나 테슬라 자율주행차는 버벅거리다가 브레이크를 밟았는데, 인간보다 타이밍이 상당히 느려 결국 추돌하고 말았습니다.

러시아워에 도로에서 차선을 마구 바꾸는 것도 아닌데, 인공지능은 이처럼 비교적 단순한 상황도 인간처럼 임기응변으로 잘 대응하지 못하는 경우가 많습니다. 게다가 더 골치 아픈 것은, 인공지능이 대응을 못하는 경우가 정확히 어떤 경우인지 미리 알기 어렵다는 것입니다. 그러므로 자율주행이 반드시 인간 운전자보다 안전하다고는 할 수 없다고 봅니다.

인공지능의 '설명 불가능성의 문제'

___실제로 지난번 우버의 보행자 사망사고는 매우 충격적이었습니다. 센서가 전혀 감지를 못했고, 그러니 전혀 감속하지 않고 그대로 추돌해버렸거든요. 아마 인간 운전자였다면 사고는 피할 수 없었을지 몰라도, 최소한 막판에 브레이크는 밟았을 것 같습니다.

이런 사고가 무서운 또 다른 이유는, 이것이 자율주행 기능의 어떤 약점 때문이라면, 모든 자율주행 자동차가 똑같은 약점을 가질 수 있다는 것입니다. 사고를 낸 원인도 파악하기 어렵고, 그런 사고가 모든 자율주행차에 공통으로 존재하는 어떤 약점 때문이라면? 그렇다면 자율주행차는 난이도가 너무 높은 기술이 아닌가 하는 생각도 듭니다. 구글이나 자동차 회사들은 이제 준비가 거의 끝나간다고 장담하고 있지만 말입니다.

인간은 실수를 하더라도 같은 실수를 계속 무한 반복하지는 않잖아요? 그러나 자율주행은 특정한 도로상황에서 에러가 발생한 경우, 같은 알고리즘을 탑재한 자동차들은 같은 상황에서 계속 에러를 반복할 위험이 있습니다.

방금 자율주행 자동차가 사고를 낸 원인을 파악하기 어렵다고 했는데, 그것이 현재의 인공지능 기술의 가장 큰 문제인 '설명 불가능성의 문제'입니다.

기존의 전통적 컴퓨터 프로그래밍이나 엔지니어링에서는 에러나 고장의 원인을 설명할 수 있습니다. 이것들은 설계자가 원리를 이해하고 그 원리에 바탕을 두고 답을 내는 방식이기 때문입니다.

그러나 머신러닝이니 딥러닝이니 하는 인공지능 기술은 원리를 모르고, 마치 기출문제를 엄청나게 풀어 거기서 비슷한 패턴을 찾아 맞추는 식으로 문제를 해결합니다. 워낙에 방대한 데이터로부터 패턴을 찾아서 확률적인 답을 내놓기 때문에, 답이 나와도 왜 그 답이 나왔는지 알기가 힘듭니다.

우리도 학창시절에 보면, 원리를 이해하고 문제를 푼 것이 아닌데, 어쨌든 정답을 맞춘 경우에 "왜 그 답이 나왔어?"라고 물어보면 설명할 수가 없었잖아요. 현재의 암기 위주식 인공지능 기술은 그러한 '설명 불가능성의 문제'가 내재되어 있습니다.

그런데 '설명 불가능성의 문제'가 그냥 좀 틀려도 되는 문제에서 발생한 것이라면 괜찮습니다. 애플의 시리가 이상한 소리를 좀 한다고 큰일나는 것은 아니고, 인공지능으로 내 취향과 영 안 맞는 이상한 상품을 추천한다고 해서 큰일나는 것도 아니니까요. 이런 에러를 가끔 내는 걸 감안해도, 평균적으로는 효용이 분명히 있기 때문에 인공지능 기반 서비스를 계속 쓰게 됩니다.

그런데 자율주행의 경우에는 이런 에러가 나면 자칫 생명을 잃을 수도 있고, 사고 후에도 원인조차 설명하기 힘듭니다. 바로 이 '설명 불가능성의 문제'는 현재 인공지능 규제정책 및 윤리적 쟁점에서 아주 핵심이 되는 핫 이슈입니다.

___사실 인공지능의 '설명 불가능성의 문제'는 굉장히 풀기 힘든 문제이고, 자율주행뿐만 아니라 두고두고 여러 곳에서 문제가 될 것 같습니다. 인공지

능이 바둑이야 이기든 지든 큰 문제가 아니지만, 운전을 잘하느냐 못하느냐는 죽고사는 문제이니까요. 아주 사소한 문제도 증폭되면 대형사고로 이어질 가능성이 얼마든지 존재하니까요.

자율주행과 인간 운전자의 협업

___그렇다면 자율주행이라는 꿈은 달성 불가능한 것인가요? 과연 완전 무인자동차들이 도로를 누비는 모습을 볼 수 있을까요?

앞에서 인공지능은 언제나 확률적으로 에러가 날 수 있다고 했지만, 알고리즘을 개선하고 더 많은 데이터로 학습을 시키면 확률적으로 점점 더 신뢰성이 높아집니다. 자율주행차도 더 많은 도로를 달리게 하고, 더 많은 돌발상황을 직면하게 해서 데이터를 축적시키면 점점 더 신뢰성이 높아지겠지요.

마치 엄청나게 많은 기출문제를 암기하면 본 적이 없는 문제가 나와서 틀릴 확률이 점점 적어지는 것처럼, 시간이 지나면 자연스럽게 자율주행의 신뢰도가 점점 더 높아질 것입니다.

그런데 데이터가 쌓이면 신뢰도가 계속 올라가서 거의 100%에 수렴할 것이냐는 논란의 소지가 있습니다. 예를 들어 수학 성적이 0점이었는데 기출문제를 계속 풀어 80점까지 올렸다고 해서, 남은 20점마저 올려서 100점을 만드는 게 간단할까요? 원리를 이해하지 못하고 암기 위주로만 푸는 학생이 넘을 수 없는 한계영역이란 것도 있지 않을까요? 서술형 시험의 경우 기출문제를 아무리 많이 풀어도 원리를 이해하지 못하면 높은 점수를 받지 못하는 것처럼요.

즉, 데이터를 계속 축적해가면 어떤 영역에서는 신뢰도가 계속 높아지지만, 또 다른 영역에서는 데이터가 늘어도 신뢰도가 거의 제자리걸음일 수도 있습니다. 매우 가변적이고 예외성이 높은 도로구간에서는 데이터가 아무리 쌓여도 신뢰도가 어느 수준 이상으로는 높아지지 않을 수 있습니다. 마치 수학 개념과 원리를 제대로 이해하지 못하면 아무리 기출문제를 더 많이 외워도 점수가 더 이상 높아지지 않는 것처럼요.

앞에서 말했듯이 구글에서 웨이모를 캘리포니아에서 테스트했을 때 테스트 도로가 서울 시내도로처럼 험악하지 않았음에도 불구하고, 오작동을 일으켰고 인간 운전자가 운전대를 빼앗아 수동으로 운전해야 했던 상황이 여러 차례 있었습니다. 하지만 인간 운전자가 핸들을 빼앗아 위기를 극복했기에 실제로 사고로 이어지지는 않았지요.

자율주행이라고 하더라도, 인간 운전자가 자율주행 기능이 에러를 일으키는 경우에 대비해서 계속 감시하고 돌발상황에 대비해야 하지 않을까 합니다.

여객기 운행에서는 이미 그렇게 하고 있습니다. 평상시에는 오토파일럿으로 운행하고, 돌발상황이 발생하면 즉시 인간 파일럿이 개입하지요. 이처럼 인간 운전자와 자율주행이 협업 운행을 하는 것이 현재로서는 안전을 확보할 수 있는 최선의 방법으로 보입니다.

___그렇다면 완전한 무인자동차들이 거리를 누비는 상상은 아무래도 좀 이른 것 같습니다. 투자은행에서는 장밋빛 미래를 그리고 있지만, 실제로 거리의 자동차들은 여전히 겨우 내비게이션이나 사용하는 중입니다. 그래도 최근 나오는 온갖 반자율 주행 옵션들을 보면, 이런 장치들이 더욱 발전하고 확산될 것으로 전망할 수 있겠지요?

인간 운전자를 완전히 배제해도 되는 자율주행의 경우, 저는 현재 주류를 이루는 인공지능의 방식(대량의 데이터를 통한 암기 위주식 문제해결 방식)을 완전히 뛰어넘는 새로운 패러다임이 등장하지 않는 이상은 어렵지 않을까 생각합니다.

그런데 이 문제에 대해 모 아니면 도 식으로 완벽주의적으로 접근하지 말았으면 합니다. 자율주행을 할 때 인간 운전자가 손을 놓아도 되는 상황은 앞으로 꾸준히 점진적으로 늘어날 것이라고 낙관합니다. 자율주행 장치의 가격은 계속 낮아질 것이고요. 결국 인간 운전자가 필요 없어지는 완전 자율주행까지 이르지 못하더라도, 상대적인 자율도는 꾸준히 올라갈 것입니다.

자율주행이 꾸준히 진보할 수 있는 이유로는 세 가지를 꼽을 수 있습니다. 첫째, 주행 데이터의 축적, 둘째, 소프트웨어(알고리즘)적인 개선, 셋째, 센서 등 하드웨어 장비의 개선과 가격 하락입니다.

자율주행 드론은 실현 가능할까?

___자율주행이 어려운 이유는 도로상황이 너무나 복잡하기에 변수가 굉장히 많기 때문입니다. 그렇다면 하늘을 날아다니는 드론 같은 경우는 어떨까요? 일단 사람이 타지 않고, 하늘은 육상의 도로보다는 변수가 훨씬 적을 테니 자율주행 드론 같은 경우는 실현 가능성이 훨씬 높지 않을까요?

실제로 '드론'이라고 불리는 무인비행기는 이미 높은 수준으로 실용화되었습니다. 드론은 군용으로 주목받기 시작했는데, 이라크 전쟁이나 아프가니스탄 전쟁, 최근 IS와의 전쟁 등 근래 전쟁이 날 때마다 빠지지 않습니다.

드론은 자체적인 판단으로 자동 비행하는 것, 그리고 인간이 원격으로 조작하는 것이 모두 있습니다. 사람이 타지 않는다고 해서 조종도 하지 않는다는 것은 아닙니다. 예를 들어 비행 코스 대부분을 원격조종 지시를 받지 않고 자동으로 비행하는 드론도, 이착륙 시에는 인간 오퍼레이터가 원격조종으로 제어하는 경우가 많습니다.

TV 뉴스에서 미군의 드론이 알카에다나 IS의 차량을 공격하는 장면이라고 나온 영상을 본 적이 있을 것입니다. 하지만 최종 공격 단계에서는 지상 관제요원들이 드론의 카메라가 보여주는 영상을 직접 눈으로 확인하고 나서 방아쇠를 당긴 것들입니다. 자동차의 자율주행이 여러 단계가 있는 것처럼, 현재 드론의 자율주행도 완전 자율주행과 인간의 원격조종 사이의 어딘가에 있다고 보면 됩니다.

___사실 이것은 필요의 문제 같기도 합니다. 무인비행기로 완전 자율주행

을 해야만 하는 상황은 그리 많지 않을 것 같으니까요.

멀티콥터의 등장과 드론의 대중화

___실제로 드론은 꽤 많이 발전했지만, 군용 말고 민간용으로는 아직도 레저용 장난감으로만 많이 쓰이지 산업용으로 활용은 미흡하지 않나요? 아마존에서 드론을 이용한 상품 배송 프로젝트를 발표했지만, 배송할 수 있는 물품의 크기나 종류가 제한적일 수밖에 없을 테고요. 그외에 드론은 떠들썩한 것에 비해서는 딱히 산업용으로 많이 개발된 것은 아닌 듯합니다.

요즘 드론이 매우 대중화되었습니다. 대부분 크기가 작은데, 우리가 '드론'이라고 하는 것들은 대부분 이른바 '멀티콥터'라고 불리는 특수한 종류의 비행기이기 때문입니다.

레저용으로 많이 보는 드론의 경우, 헬리콥터처럼 커다란 회전날개 한 개가 아니라 작은 회전날개 네 개(또는 그 이상)가 달려 있습니다. 이런 것을 '멀티콥터'라고 합니다. 그중에 가장 간단한 회전날개 네 개짜리를 '쿼드콥터'라고 합니다. 그런데 멀티콥터는 구조상 크게 만들기가 쉽지 않고 크기가 작아야 비교우위가 있기 때문에, 우리가 주위에서 보는 드론은 대부분 크기가 작은 것입니다.

그런데 '드론 = 멀티콥터'가 아닙니다. 예를 들어 중동전쟁 뉴스에 많이 나오는 미군의 프레데터라는 군용 드론이나, 예전에 우리나라에서 전시작전통제권 환수를 위해 도입해야 하느냐로 말이 많았던 미군의 정찰용 드론인 글로벌호크를 보면, 둘 다 드론이지만, 작은 회전날개가 여러 개인 멀티콥터가 아닙니다. 일반 고정날개를 달고, 일반 비행기에서 조종석만 없애버린 것 같은 디자인입니다. 그러니 크기의 한계는 멀티콥터의 한계이지, 드론의 한계는 아닙니다. 실제로 글로벌호크 같은 정찰용 드론은 크기가 웬만한 유인전투기 만합니다.

___최근 우리가 보는 드론은 거의 멀티콥터 형식인 듯합니다. 이것은 구조상의 이점이 있기 때문인가요?

멀티콥터와 헬리콥터는 겉으로는 회전날개의 축이 한 개냐, 아니면 여러 개(4개 이상)이냐의 차이밖에 없어 보입니다. 그런데 축의 개수보다 더 중요한 포인트는 헬리콥터는 회전축이 복잡하게 가동한다는 것입니다.

예를 들어 헬리콥터가 전진하기 위해서는 회전날개를 약간 앞으로 기울입니다. 왼쪽이나 오른쪽으로 움직이려면 회전날개를 약간 왼쪽, 또는 오른쪽으로 기울이지요. 그런데 문제는 회전하고 있는 날개를 이처럼 기울이는 것이 기계적으로 상당히 복잡하다는 것입니다. 그래서 헬리콥터는 회전날개의 축 부분이 구조가 복잡하고, 가격도 비싸고 자주 정비를 해주어야 합니다. 차의 미션오일에 해당하는 윤활유도 차보다 훨씬 더 자주 갈아주어야 하고요.

그런데 멀티콥터는 이러한 회전축의 가동장치가 전혀 없습니다! 축은 그냥 고정되어 돌아갈 뿐 헬리콥터처럼 기울어지지도 않습니다. 그러면 어떻게 제어를 할까요?

쿼드콥터형 드론의 회전축

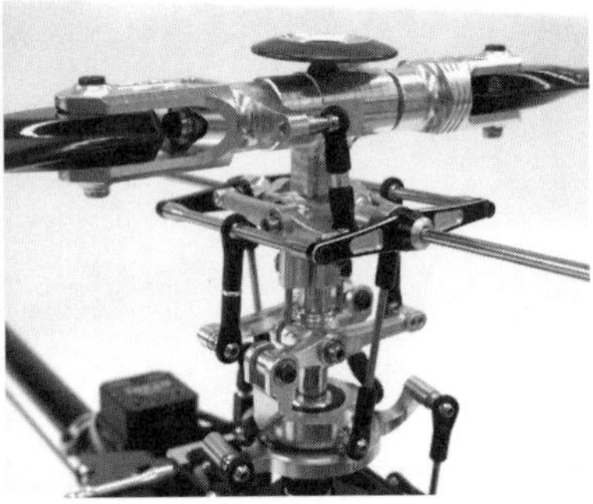

헬리콥터형 RC 비행기의 회전축

멀티콥터는 바로 네 개(또는 그 이상)의 회전날개를 서로 조금씩 미세하게 다른 속도로 회전시킵니다. 전진을 할 경우 뒤쪽의 회전날개를 미세하게 빠르게 회전시켜 기체가 앞으로 기울어지게 만듭니다. 그러면 회전날개가 만들어내는 추진력의 일부는 멀티콥터를 하늘에 띄우는 데 쓰이고, 일부는 앞으로 전진시키는 데 쓰이게 되죠.

한편, 멀티콥터가 제자리에 가만히 떠있게 하려면, 서로 반대방향에 있는 회전날개끼리 정확히 같은 속도로 정반대 방향으로 돌아가게 해서 회전날개의 반작용을 상쇄시킵니다. 또한 멀티콥터가 제자리에서 회전하게 하려면, 반대 방향 회전날개의 회전속도를 조금 차이를 두는데, 그러면 회전날개 회전의 반작용으로 멀티콥터가 회전하게 됩니다. 멀티콥터는 이처럼 고정식 회전날개 네 개를 서로 다른 속도로 회전하게 제어함으로써 모든 자세제어를 할 수 있습니다.

이때 회전날개의 속도가 매우 미세하게 조절되어야 합니다. 약간이라도 어긋나면 균형을 잃고 뒤집힙니다. 마치 기다란 막대기를 땅에 세워놓고 쓰러지지 않게 계속 이쪽으로 밀었다 저쪽으로 밀었다 하는 것처럼, 멀티콥터는 근본적으로 불안정한 균형을 정밀한 전자제어로 극복합니다. 즉, 멀티콥터는 헬리콥터에 비해 기계적 구조가 매우 단순한 대신에 전자적 제어는 훨씬 더 복잡하다는 트레이드오프 Trade Off, 즉 어느 것을 얻으려면 다른 것을 희생해야 하는 요소가 있습니다.

___드론이 기계적 구조가 매우 단순하기에, 가격이 엄청 저렴해져서 대량 보급이 가능해진 것이겠군요?

드론은 기계적 구동장치를 헬리콥터에 비해 엄청나게 단순화할 수 있으니 쉽고 간단하게 만들 수 있습니다. 심지어 헬리콥터뿐 아니라 고정날개식 일반 비행기보다도 더 간단합니다. 방향타나 보조날개 같은 기계적 구동 부위가 전혀 필요 없으니까요. 구조가 단순해서 만들기도 쉽고 정비도 별로 필요 없으니 유지보수가 매우 쉽죠. 일반 비행기나 헬리콥터는 심지어 레저용 RC무선조정 기체라고 해도 여기저기 평소에 손봐야 할 때가 많거든요.

요즘 작은 드론은 몇 만 원짜리도 있는데, 회전날개 네 개가 달린 쿼드콥터니 그렇지, RC 헬리콥터라면 그렇게 싸게 만들기 쉽지 않습니다. 과거에는 회전날개 네 개의 속도를 개별적으로 미세 제어하는 것이 어려웠지만, 요즘은 아주 저렴한 소형 칩으로 다 해결됩니다. '기계적으로 단순한 대신 전자제어가 복잡하다'는 멀티콥터쿼드콥터의 트레이드오프가 전자 파트의 비용이 기계 파트의 비용보다 더 빠르게 하락하면서 점점 더 유리하게 작용하게 된 것이지요.

드론이 여객이나 택배를 대체할 수 있을까?

___앞으로 일반 여객기나 헬기도 멀티콥터 형식이 대세가 될까요?

그렇게 되기는 힘들다고 봅니다. 왜냐하면 멀티콥터는 구조가 단순하고 가격이 싸서 고정비용이 적은 대신에 비행 효율성이 떨어지고 불안정합니다.

비행기보다 헬리콥터가 연비가 많이 안 좋기 때문에 비행시간이나 항속거리에 제약이 있고 비행 비용도 더 비싸잖아요? 그런데 일반적으로 멀티콥터는 헬리콥터보다도 연비가 안 좋고 비행시간의 제약이 더 심합니다. 그런 비효율성이 커지면 커질수록, 작은 고정비용이라는 멀티콥터의 장점을 상쇄하면서 상대적으로 기존 비행기나 헬리콥터보다 열위에 놓이게 됩니다.

예를 들어 드론의 크기가 작을 때는 회전날개 여러 개의 속도를 미세하게 제어하면서 속도를 조금씩 높였다가 낮추는 것이 어렵지 않은데, 동체가 커져서 회전날개가 무거워질수록 미세 제어가 점점 어려워집니다. 그래서 비행에 들어갈 동력의 상당수가 자세 제어 및 균형유지에 소모됩니다. 게다가 멀티콥터는 태생적으로 매우 불안정한 구조를 전자제어로 균형을 잡는데, 승객이나 값비싼 화물을 싣고 있다면 문제가 될 수 있지요.

멀티콥터 형식의 비행기는 고정비용은 작지만 가변비용이 크기 때문에, 일종의 규모의 비경제가 존재해서 동체를 크게 만들기 어렵습니다. 그래서 대형 드론들은 대부분 전통적인 고정익 비행기나 헬리콥터의 형태로 만듭니다.

___마트의 장난감 코너에서 볼 수 있는 드론은 대부분 소형이고, 소형 드론은 쓸모가 매우 한정적인 것 같습니다. 장난감, 아니면 액션캠을 매달아 촬영을 하는 정도입니다. 드론은 이런 기계적 특징 때문에 산업 분야에 쓰이기 어려운 것이겠군요?

산업 분야에서는 주로 카메라를 달고 모니터링 용도로 많이 사용됩니다. 화물운송용으로 불가능하지는 않아도 경제성이 떨어질 수 있습니다. 만약 화물운송용으로 쓴다면 서류 송달이나 전자부품처럼 무게가 가벼우면서 신속성이 필요한 특송 화물의 배달에서는 강점이 있을 것 같지만요.

그러면 '무인 헬리콥터나 비행기 형태의 산업용 드론을 쓰면 되지 않나?'고 할 수 있지만, 이것들은 멀티콥터에 비해서 정비 및 부품 조달에 인력이 더 많이 들어갑니다. 헬리콥터나 비행기는 자동차와는 비교할 수 없을 만큼 유지관리에 사람의 손이 더 많이 갑니다. 따라서 노동력 절감이라는 자동화의 목적과 배치되는 부분이 생기지요.

___최근 아마존에서는 드론을 활용한 소포 배송 프로젝트를 발표했는데, 말처럼 쉬운 문제가 아니었군요. 드론이 초기의 기대와는 달리 널리 쓰이지

못하는 것은 이러한 물리적 한계가 있기 때문이라고 봐도 되겠네요?

그런 한계가 크지요. 그렇다고 해서 드론이 널리 쓰이지 못하는 것은 아니라고 봅니다. 촬영용 드론은 굉장히 많이 보급되지 않았습니까? 아마존의 드론 배송도 무게 대비 값이 비싼 고가치 특송화물은 경제성을 가질 수도 있다고 봅니다. 즉, 특화된 용도로는 널리 쓰이고 있으나, 모든 형태의 운송수단을 대체할 것이라고 기대할 수는 없습니다.

___드론이 일반 택배를 거의 대체할 것이라는 전망은 아무래도 섣부른 감이 있어 보이네요. 앞으로 자율주행 기술과 드론이 결합하더라도, 이런 물리적 특성 때문에 현재의 운송수단을 대부분 대체하는 것은 아무래도 힘들겠군요.

그렇습니다. 그러나 비록 쿼드콥터형 드론이 무거운 화물이나 승객의 운송에는 큰 한계가 있지만 강점을 가지는 영역인 소형 경량의 비행체에 대한 수요는 앞으로 커질 수 있습니다. 전체 운송산업에서 보면 틈새시장에 불과할지 모르지만, 시장이 점점 커지고 있는 '팽창하는 틈새'이지요.

앞으로는 운송의 목적이 물리적인 중량의 수송에서 사진·영상·음성·전파 등의 정보를 포착 및 중개하기 위한 정보 운송으로 중심이 옮겨갈 수 있습니다. 앞으로 정보를 포착하기 위한 센서(카메라 등) 운송수단으로서의 드론 시장은 점점 커질 수 있을 것 같습니다.

보행로봇은 어떤 발전을 이루어낼 수 있을까?

___이제 하늘 위에서 땅으로 좀 내려와 보지요. 유튜브에서는 개처럼 생긴 4족 보행로봇의 영상을 쉽게 찾아볼 수 있습니다. 2족보다는 4족 보행로봇이 많이 보이는데, 역시 잘 안 넘어지고 잘 걸어다닐 수 있는 형태를 고민하다 보니 이런 결과가 나온 것이겠지요?

2족 보행로봇은 4족 보행로봇보다 균형을 잡기가 훨씬 어렵습니다. 로봇의 다리가 네 개면 특별히 제어를 안 해도 균형이 잡히는데, 다리가 두 개면 한쪽으로 넘어지려고 하면 재빨리 반대쪽으로 기울이는 식으로 계속 제어를 해야 합니다. 두 다리인 사람은 가만히 서 있기만 해도 굉장히 힘들지만, 네 다리인 동물들은 가만히 서 있으면 거의 힘이 들지 않고, 심지어 서서 자는 동물도 있지 않습니까? 그러니까 당연히 로봇도 다리가 네 개인 것이 두 개인 것보다 만들기가 기술적으로 훨씬 더 쉬울 뿐만 아니라 효율성도 좋지요.

___보행로봇들은 자동차가 다닐 수 없는 길도 갈 수 있기 때문에 활용도가 많이 넓어질 것 같습니다. 이런 보행로봇들은 어떤 발전을 이루어내고 있는지요?

보행로봇으로 가장 유명한 곳이 보스턴 다이내믹스라는 회사입니다. 1982년 MIT대학을 기반으로 창업한 회사인데, 구글에 인수된 후 근래에는 다시 손정의 회장의 소프트뱅크에 인수되었습니다.

보스턴 다이내믹스사의 로봇을 보면 정말 대단합니다. '치타'라는 실험용 로봇은 시속 40킬로미터가 넘는 속도로 뛰는 데 성공했습니다. 물론 실제 치타 속도의 반도 안 되지만, 보행 메커니즘을 기계로 재현하는 것이 얼마나 어려운지를 감안하면 대단한 것이죠.

'빅독'이라는 로봇은 미군에 수송용 로봇으로 납품하려는 실용적 목적을 염두에 두고 만든 것입니다. 150킬로그램 정도의 군장을 짊어지고 군인들과 함께 네 다리로 걸을 수 있어서 노새나 당나귀의 역할을 할 수 있습니다. 게다가 동력이 가솔린 엔진이어서 기존 실험용 로봇처럼 전선을 길게 끌고 다닐 필요도 없고, 배터리를 충전할 필요도 없습니다. 기존의 보행로봇은 전부 실험용을 벗어나지 못했는데, 실용 보행로봇을 만들려고 했다는 것이 대단하죠.

물론 보행로봇이 자동차를 대체하기에는 도로주행 성능이 너무 안 좋지만, 그래도 이미 제한적인 용도로나마 실용적 활용을 염두에 둘 수 있는 상황까지 진전한 것이지요.

___자동차는 갈 수 없는 길도 엄청나게 많고, 특히 높은 계단이 한 턱만 있어도 갈 수 없는 한계가 있으니, 보행로봇의 활용처는 찾기에 따라서 무궁무진하리라 봅니다. 그저 걸어다닐 수 있다는 것 이상으로 활용도가 극적으로 넓어지겠지요?

보행로봇은 일반 차량에 비해 도로가 아닌 곳을 다니는 능력이 뛰어난 반면, 효율성이 매우 떨어진다는 문제점이 있습니다. 에너지의 상당 부분이 자동차처럼 앞으로 나아가는 데 쓰이는 것이 아니라 자세 제어를 위해 투입되니 당연하죠. 바퀴식 자동차에 비해 기계적 구조가 매우 복잡하고요.

예를 들어 보스턴 다이내믹스사의 빅독의 경우, 일반 도로 수송용 트럭을 대체할 목적이 아니고, 웬만한 4륜구동 차량도 도저히 갈 수 없는 산악지형을 따라다니기 위한 특수용도입니다. 일반 자동차보다 연비가 매우 안 좋고 가격이 훨씬 비싸지만, 자동차가 아예 갈 수 없는 길에 쓰는 것입니다. 이를 뒤집어보면, 일반 차량으로 갈 수 있는 곳은 보행로봇을 쓰지 않는 것이 이득이란 말이지요.

___결국 보행로봇의 활용도는 자동차가 갈 수 없는 곳만 가능하다는 결론이 나오게 되겠군요. 이런 점은 보행로봇이 더욱 발전하더라도 크게 달라지지는 않을 것 같고요.

역시 보행로봇은 독자적인 쓰임새라기보다는 일반적인 로봇에서 그 활용도를 넓히는 방향으로 쓰임새를 찾게 될 가능성이 높지 않을까 싶습니다. 예를 들어 인간형 로봇에서 보행기술이 더해진다든가, 애완용 로봇에 쓰인다든가 하는 식으로 말이지요.

4장

사물인터넷(IoT)

기존 인터넷과 무엇이 다른가?

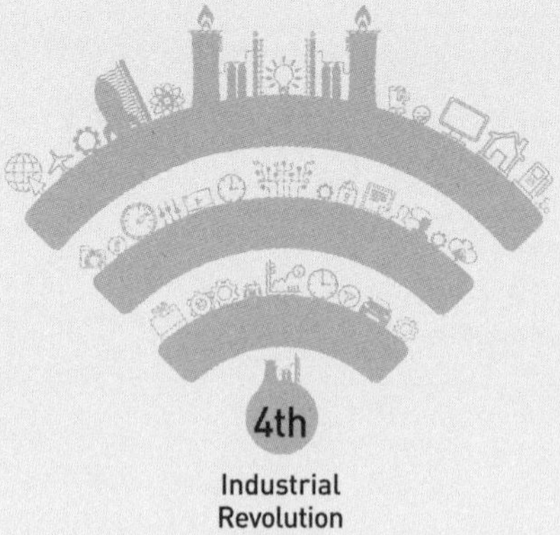

사물인터넷과 기존 인터넷의 차이

___사물인터넷IoT은 모든 사물이 인터넷으로 연결된다는 뜻이겠지요? 의미는 이것이 맞습니까?

물론 이때 사물은 나무나 돌 같은 것을 의미하는 것은 아니고, 인간이 만들어낸 TV나 냉장고, 자동차와 같은 기기들을 말합니다. 기존에는 인터넷에 데스크톱 PC나 노트북과 같은 것들만 연결된다고 생각해왔으나, 이제는 과거에 인터넷과 상관없다고 생각했던 가전제품이나 자동차, 공장기계 등이 모두 연결되는 것입니다. 그래서 Internet of Things, 즉 '사물인터넷'이라고 불리게 된 것이지요.

___세상이 인터넷에 연결되기 시작한 것은 그리 오래전의 일이 아닙니다. 1990년대만 해도 대부분의 PC는 그냥 책상 위에 올려놓고 타자기나 계산기 대신으로 쓰였고, 1990년 중후반 이후에야 전화 모뎀으로나마 인터넷에 연결되었지요.

처음에는 PC를 통해 인터넷에 연결할 수 있었고, 그다음은 노트북, 드디어 스마트폰의 세계가 열리면서 핸드폰까지 인터넷 연결이 확대되었지요. 그런데 요즘은 냉장고, 체중계, 자동차 등 온갖 기기들이 인터넷에 연결되기 시작했습니다. 과거 PC나 노트북, 핸드폰의 인터넷 연결과 최근의 사물인터넷 사이에는 어떤 차이가 있을까요?

기존에 PC를 사용하든 노트북을 사용하든, 어쨌든 인터넷에서 접속하는 것은 사람이었습니다. 사람이 직접 네트워크에 접속해서 필요한 정보를 찾고 소통하는 것이지요. 이것은 스마트폰 시대에 와서도 마찬가지입니다. 스마트폰을 조작하는 것은 사람이 아닙니까?

그런데 요즘 사물인터넷 기기들은 사람이 아니라 기계가 직접 인터넷 접속자가 됩니다. 예를 들어 커넥티드 카Connected Car는 자동차가 인터넷 접속의 주체가 되어, 사람이 시키지 않아도 인터넷을 통해 어느 길이 덜 막힐지 자동으로 정보를 검색해서 길 찾기에 반영합니다.

사물인터넷이 적용된 가전제품이나 스마트홈의 경우 집밖에 있는 주인과 집안의 가전기기가 인터넷을 통해 서로 연결됩니다. 그리고 사물인터넷이 적용된 공장은 개별 기계들이 동시에 인터넷에 접속합니다. 이처럼 인간이 아니라 기계가 직접 인터넷 사용자가 되는 것이 사물인터넷과 기존 인터넷의 가장 큰 차이점입니다.

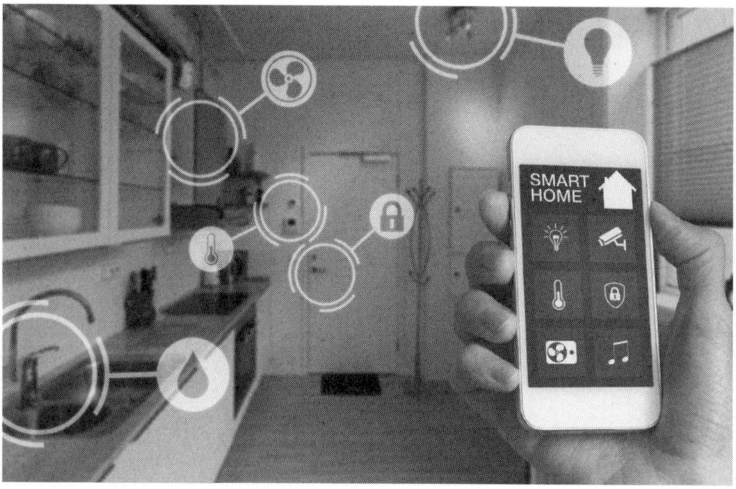

스마트홈 일러스트

___최근의 사물인터넷은 '사람-인터넷'에서 '사물-인터넷'으로의 큰 변화라고 할 수 있겠네요. 사물이 직접 인터넷 접속의 주체가 된다면, 이것도 인공지능과 관련이 깊다는 생각이 듭니다. 사물이 독자적인 학습능력을 갖추고, 네트워크망을 통해 확장까지 할 수 있다는 의미로 이해되는데요. 실제로도 사물인터넷은 인공지능과 관련성이 깊지 않나요?

인공지능이 반드시 사물인터넷을 필요로 하는 것은 아니지만, 실제로 사물인터넷은 인공지능 기술과 긴밀하게 연결되고 있습니다. 인공지능이 사물인터넷의 작동을 돕기도 하고, 반대로 사물인터넷이 인공지능의 발전을 돕기도 합니다. 양방향으로 서로가 서로를 강화시키고 있는 것이지요.

사물인터넷과 커넥티드 카

___사물인터넷도 실제 쓰임새가 중요할 텐데, 저는 사물인터넷에서 가장 기대되는 것이 역시 자동차입니다. 내비게이션부터 인터넷 접속의 이점을 확실히 보여주고 있습니다. 최적경로를 찾아주려면 네트워크가 반드시 필요하니까요. 내비게이션으로 시작되었지만, 앞으로 자동차가 직접 네트워크에 연결되면 발전 가능성이 매우 크겠지요?

내비게이션이 그냥 정해진 지도와 GPS만 사용하는 시스템이라면, 사물인터넷이 적용된 커넥티드 카라고 할 수 없겠지요. 그러나 내비게이션이 주변 교통상황의 변화를 실시간으로 전달 받아서 최적의 길 찾기에 활용한다면 사물인터넷이 적용된 것이고, 초보적인 단계의 커넥티드 카라고 볼 수 있겠지요. 네트워크를 통한 실시간 경로 최적화가 잘 안 되는 내비게이션 업체들은 경쟁에서 완전히 밀려날 수밖에 없습니다.

그런데 현재 차량 사물인터넷은 단순히 내비게이션의 길 찾기 수준을 넘어서 더욱 광범위한 네트워크 연결을 지향합니다. 예를 들어 내비게이션이 단순히 교통체증 정보만을 주는 것이 아니라, 인근의 신호등과 연결되어 신호가 바뀐 것을 알려주거나, 같은 도로를 운행 중인 다른 차들과 서로 운행정보를 교환하면서 사고를 미리 예방할 수도 있습니다. 운전자에게 그런 정보를 보여주어 판단을 도울 수도 있지만, 아예 자동차가 정보에 직접 반응하고 액션을 취할 수도 있습니다.

터널에 진입하면 자동차가 알아서 창문을 닫고 공기를 내기순환 모드로 바꾸거나, 앞으로 지나갈 길의 노면상태에 대한 정보를 전달받아 미끄럼 방지 기능을 미리 활성화하는 것도 가능합니다.

원래 자동차는 혼자서 고립되어 운전하는 것이 아니라, 같은 운전자나 보행자 등 수많은 타인과 소통하면서 운전하는 것입니다. 그러한 소통과정을 인터넷 네트워크를 통해 엄청나게 효율화하고 광범위하게 확대할 수 있는 것이지요.

사물인터넷은 어느 분야로 확산될 수 있을까?

___사물인터넷은 자동차뿐만 아니라 매우 다양한 분야에서 활용될 것으로 보입니다. 앞에서 4차 산업혁명을 정의할 때 가장 중요한 특징이자 요소로 '연결성, 융합' 등을 이야기했는데, 이는 결국 사물인터넷과 거의 같은 의미인 듯합니다. 사물인터넷은 앞으로 어떤 분야에 적용될 수 있을까요?

사물인터넷은 이론상 인간이 만든 거의 모든 대상에 적용할 수 있겠지요. 심지어 아파트단지의 쓰레기통에도 사물인터넷을 적용하려고 시도하고 있을 정도니까요. 그중에서 주목받는 분야는 앞서 말한 커넥티드 카, 가정용 기기에 사물인터넷을 적용한 스마트홈, 공장의 생산기계들을 인터넷을 통해 서로 연결하여 정보를 주고받으면서 상호작용을 하게 만든 스마트팩토리입니다.

또한 앞서 말한 커넥티드 카와 긴밀하게 연관되는 부분인데, 도시의 공공 인프라 전체를 인터넷을 통해 연결하는 스마트시티의 개념도 지금 매우 주목받는 분야이지요.

___사물인터넷이 '자동차-도로-집-공장-도시'까지 확대되는 가능성이 열려 있으니, 사실상 우리 생활 전부가 네트워크에 연결된다는 의미겠지요. 이처럼 네트워크가 확대된다는 것은, 결국 생산이나 소비의 효율성이 높아질 수 있다는 의미로 해석해도 될까요? 경제적으로 보면 말입니다.

생산과 소비 모두 효율성이 증가할 수 있습니다. 예를 들어 사물인터넷 적용 쓰레기통의 경우, 각 쓰레기통에 붙어 있는 센서들이 쓰레기가 얼마나 가득 찼는지를 측정해서 인터넷을 통해 전송하면, 쓰레기 수거차가 쓰레기통이 많이 비어 있는 곳은 지나치면서 최적의 경로를 통해 수거해갈 수 있습니다. 그만큼 쓰레기 수거 비용을 줄일 수 있지요.

가정용 사물인터넷 기기의 경우에도 이용자의 패턴을 인식해서 집에 없거나 자는 시간에는 전등이 자동으로 꺼지게 하거나 불빛을 약하게 해서 전력을 절약할 수 있습니다. 이런 식으로 가정의 에너지 소모를 줄이는 것이 가정기기에 사물인터넷을 도입하는 이유 중 하나입니다.

스마트시티의 경우에도 교통흐름을 효율적으로 제어해 교통체증을 줄이고 유류비 등을 절감할 수 있습니다. 스마트팩토리의 경우에도 기계들이 생산 속도를 센서를 통해서 직접 포착해서 재고가 계속 늘거나 라인이 도중에 끊기지 않게 자동으로 조정하거나, 수명이 다

되가는 부품이 있으면 자동으로 인터넷에 접속해서 교체 부속을 주문해서 공장에 배송되게 한다든가 해서, 공장 운영과정에서 낭비를 줄이고 생산의 효율화를 꾀할 수 있습니다.

사물인터넷과 빅데이터, 인공지능

____사물인터넷으로 세상의 엄청나게 많은 물건들을 연결한다면, 데이터도 비례하여 엄청나게 쏟아질 것입니다. 이것을 어떻게 감당할 수 있을까요?

도서관에 책이 아무리 많아도 읽는 사람이 없으면 소용없듯, 데이터가 아무리 많아도 제대로 해석되고 활용되지 않으면 아무 소용이 없지요. 그런데 사물인터넷을 통해 모든 기기가 인터넷에 연결되면, 수많은 기기들이 생성하여 전송하는 데이터의 양은 인간이 직접 보고 해석하는 것이 거의 불가능한 수준이 됩니다. 따라서 그 수많은 데이터를 정리하는 작업에 인공지능의 도움이 필요합니다.

또한 수집되는 데이터를 잘 정리할 수 있는 절차를 미리 정의해 놓는 것이 중요합니다. 센서가 수집해오는 데이터를 그냥 쌓아두기만 하는 것이 아니라 필요한 것들을 골라내고 표준화하는 체계적인 룰이 있어야 합니다. 데이터를 표준화하는 작업이 선행되어야 인공지능을 학습시킬 수 있는 학습용 데이터로 사용할 수 있습니다.

____4차 산업혁명의 주요 개념 요소인 '융합'이 여기에도 적용되는군요. 사

물인터넷은 결국 인공지능과 연결되고, 그것은 다시 빅데이터 처리로 연결되니까요.

사실 지금도 사물인터넷을 위한 조건들은 많이 마련되어 있는 것 같습니다. 인터넷 프로토콜도 많이 정리되었고, 네트워크 용량도 엄청나게 커지고 있고요. 이렇게 방대한 데이터를 수집할 수 있다면, 이것을 누가 수집하고 어떻게 처리하게 될까요? 이런 데이터를 통해서 누가, 어떤 효용을 얻을 수 있을까요?

방대한 데이터는 일차적으로 데이터를 발생시킨 기기를 소유하거나 제조한 쪽에 귀속되겠죠. 커넥티드 카라면 그 자동차에서 발생한 데이터는 일차적으로 개별 자동차의 시스템으로 갈 것입니다. 하지만 사물인터넷의 특성상 데이터가 한 곳에 머무르지 않고 수많은 곳을 넘나듭니다.

자동차에서 생성된 데이터는 무선 네트워크를 통해서 자동차의 정보 시스템을 관리하는 회사의 서버로 전송되고, 일부 데이터는 교통량을 관제하는 지방자치단체 교통당국으로 갈 수도 있으며, 그 외에 자동차에 근처 맛집을 자동적으로 알려주는 서비스를 하는 업체로 갈 수도 있겠지요. 많은 회사들이 이 과정에서 생산되는 대량의 데이터에 대한 통제권을 갖기 위해서 싸우고 있습니다.

예를 들어 커넥티드 카의 사물인터넷 접속 플랫폼을 자동차 회사가 주도해서 운영하느냐, 아니면 그 소프트웨어 플랫폼을 제작한 IT 업체가 주도하느냐, 또는 무선통신 연결을 주도하는 통신사가 주도하느냐 등의 이슈가 있습니다.

이런 데이터를 처리하는 과정의 상당 부분은 이른바 클라우드 컴퓨팅을 통해서 프로세스를 외부로 아웃소싱하는 형식으로 처리될 수 있으니, 개별기기 단위에서 모든 연산을 처리해야 하는 부담은 덜 수 있는 것이지요. 사물인터넷 기기들은 일반 PC에 비해 프로세서나 메모리의 용량이 작은 경우가 많기에 클라우드 컴퓨팅의 도입이 크게 도움이 됩니다.

___세상의 만물을 연결시켜 놓았으니, 그것으로 무엇을 할 수 있고, 또 무엇을 할 것인지는 무궁무진하게 남아 있겠지요.

5장

블록체인

가상화폐 이외에 무엇에 쓸 수 있는가?

4th

Industrial
Revolution

비트코인은 왜, 어떻게 생겼을까?

___드디어 뜨거운 주제인 암호화폐와 블록체인 이야기를 해보죠. 전 세계가 암호화폐 열풍에 휩싸였고 한국이 그 정점에 서기도 했습니다. 비트코인 열풍은 중고등학생의 용돈부터 노년층의 퇴직금까지 쏟아붓게 만들었지요. 2018년과 2019년 초반의 폭락사태 이후 좀 잠잠해졌지만요.

비트코인 열풍은 잠시 지나가는 투기열풍에 불과한가요? 아니면 인터넷 혁명에 비견될 만한 거대한 기술적 진보로서 4차 산업혁명을 끌고갈 혁신이 될지 궁금합니다. 그런데 논쟁에서 항상 혼선이 생기는 것은 비트코인, 암호화폐, 블록체인과 같은 용어 자체가 매우 낯설기 때문인 듯합니다. 용어부터 좀 정리해야 할 것 같습니다.

먼저 비트코인부터 이야기를 시작하죠. 비트코인은 완전한 탈중앙식 P2PPeer to Peer, 인터넷에서 개인과 개인이 직접 연결되어 파일 공유 방식으로 이루어지는 결제 시스템을 만들려는 시도에서 탄생했습니다. 비트코인이 이러한 시도에 성공한 것은 블록체인의 개념을 최초로 도입하여 적용했기 때문입니다.

그렇다면 '왜 P2P 방식으로 결제 시스템을 만드는 것이 어려운가?'라는 질문을 해볼 수 있습니다. P2P상의 온라인 결제가 어떤 식으로 이루어지는지부터 살펴보죠.

가상의 화폐가 존재하는데, 이것은 물리적인 화폐가 아니고, 윈도우나 MS 오피스의 시리얼키 같은 암호화된 일련번호로서 존재합니다. 송금을 할 때는 이 암호화된 시리얼키를 상대방에게 전송하는 메시지를 발송하는 것이지요.

그런데 가상화폐는 일반 화폐처럼 다른 사람에게 건네준다고 사라지는 것이 아닙니다. 또한 은행의 온라인뱅킹처럼 중앙에서 거래 내역과 잔고 기록을 관리하고 증명해주는 주체도 없습니다. 물론 그렇다고 해서 자기가 가지고 있지 않은 가상화폐를 마치 가지고 있는 것처럼 지불할 수는 없습니다. 왜냐하면 모든 가상화폐는 암호화된 일련번호를 가지고 있기 때문에, 유효하지 않은 가상화폐를 송금하는 것은 불가능하기 때문입니다.

그러나 한번 사용한 가상화폐를 두 번 사용하는 것은 막기가 어렵습니다. 이것이 이른바 '이중 지불의 문제'입니다. 비유하자면, 같은 시리얼키로 하나의 PC에서만 정품 소프트웨어를 활성화해야 하는데, 두

비트코인 채굴장의 모습

개 이상의 PC에서 무단으로 동시에 활성화한 것과 비슷합니다.

같은 가상화폐를 두 번 송금한 경우, 먼저 거래는 놔두고 나중의 거래를 무효화해야 합니다. 그래야 가상화폐로 물건을 사고나서 나중에 고의로 결제를 취소하는 것을 막을 수 있습니다. 그러려면 거래의 선후 순서를 알아야겠죠. 그런데 중앙 서버가 없는 P2P 시스템에서는 거래의 선후를 가려내는 것이 거의 불가능에 가깝습니다.

은행의 온라인뱅킹처럼 중앙 시스템이 있다면, 중앙 서버의 자체 시계가 모든 거래에 대해 거래시각을 기록하는 타임스탬프 기능을 수행합니다. 이렇게 중앙 서버의 시간이 모든 거래시간의 기준이 되기 때문에 서로 시차가 있는 지역에 살거나 PC의 자체 시스템 시간이 정확히 설정되지 않은 사람들끼리도 거래할 수 있습니다.

그러나 P2P 시스템은 모든 사용자가 서로 다른 각각의 시계를 가지고 있으며, 각자 자신의 시계를 조작할 수 있습니다. 통일된 시계가 없고, 개별 사용자들이 사용하는 클라이언트 PC들의 자체 시간만 존재합니다. 자기 PC의 시계 설정을 마음대로 바꿀 수 있어서 시간에 대한 합의가 이루어지기 어렵기 때문에, 어떤 거래가 더 먼저 이루어진 거래인지 알기 힘들고, 이중 지불이 발생했을 때 어떤 거래를 무효화해야 하는지 판정하기 힘듭니다.

___시간을 맞추는 아주 간단한 문제도 중앙 시스템의 권위가 없으면 힘든 일이 되는 것이군요.

그렇습니다. 우리가 당연하게 생각하는 인터넷상의 모든 활동들은 철저하게 중앙 시스템의 권위에 의존해온 것이고, 중앙의 권위가 없는 상황에서는 시간조차도 서로 맞출 수 없는 것이지요. 비트코인의 창시자 나카모토 사토시는 블록체인이란 개념을 도입해서 이러한 난제를 최초로 해결하게 됩니다.

비트코인은 이중 지불의 문제를 블록체인으로 어떻게 해결했는가?

___비트코인은 이중 지불의 문제를 어떻게 해결했나요?

비트코인에서는 약 10분 동안 발생한 모든 송금 메시지들을 모아서 하나의 블록을 구성합니다. 다시 10분이 지나면 또 다른 블록을 만들어 먼저 생성된 블록에 이어붙입니다. 이렇게 블록을 쭉 이어붙여

긴 체인을 만듭니다.

그러면 앞 블록에 포함된 거래보다 뒤 블록의 거래가 나중의 거래라는 것을 판정할 수 있고, 중앙 시스템의 권위 없이도 시간의 선후 순서에 대한 합의를 만들어낼 수 있습니다.

____그게 바로 블록체인이라는 말의 어원이군요. 블록을 체인처럼 엮는다는 말.

블록으로 체인을 만들었기 때문에 블록체인이라고 하는 것이지요. 간단합니다. 그런데 각 블록은 일정한 시간 간격으로 생겨야 시간의 척도 역할을 할 수 있겠죠? 그렇다면 사용자들이 중앙 서버의 시계 없이 어떻게 10분이 흘렀다는 것을 서로 합의할 수 있을까요? 서로 다른 나라에 있어서 시간대도 다르고, P2P 네트워크 특성상 서로의 메시지가 전파되는 과정에서 시간 지연도 심하고, 그 많은 사용자 중에서 자기 PC의 시스템 시간을 조작할 수 있는 사람도 섞여 있는데 말이지요.

비트코인은 이것을 기가 막힌 방법으로 풀어냈습니다, 비트코인 사용자 전부가 달려들면 딱 10분이 걸려야 풀 수 있는 수학적인 퍼즐 문제를 내고, 그것을 푸는 사람이 나타나면 10분이 지났다고 판정하는 것입니다. 수학 퍼즐의 난이도는 그 네트워크의 전체 컴퓨터들이 참여해서 딱 10분이 걸릴 정도로 자동적으로 조정됩니다. 이것을 '작업증명Proof of Work'이라고 합니다.

이렇게 작업증명에 성공한 사람이 나오면, 드디어 그동안 이루어진 송금 거래 중에 아직 블록에 쓰이지 않고 쌓여 있는 미승인 거래 기록들을 모아서 새로운 블록을 만들고, 이전 블록에 이어붙이는 것이지요.

___정말 기가 막히군요. 이렇게 정밀한 설계가 숨어 있었다니요. 그런데 결국 이 시스템에서는 누군가가 작업증명을 해주어야 하잖아요? 다른 사람이 자기 거래도 아닌데 굳이 작업증명을 해주어야 할까요? 작업증명을 해주는 사람들에게는 어떤 인센티브를 주어야 하는 것 아닐까요?

그렇지요, 이 작업증명 작업은 대량의 연산능력을 동원해야 하기 때문에, 컴퓨터 장비를 갖추는 비용뿐 아니라 고성능 프로세서를 돌리는 데 필요한 대량의 전기료가 들어가지요.

따라서 이런 비용을 감수하고 작업증명을 하도록 할 인센티브로서, 수학 퍼즐을 맞추어 블록을 새로 생성한 사람에게 '비트코인'이라는 가상화폐를 보상으로 지급합니다. 이 연산과정은 마치 과거 광산노동처럼 대량의 반복작업(사람이 아니라 컴퓨터가 수행하는)을 거치기 때문에, 가상화폐를 얻기 위한 채굴 과정이라는 의미에서 '채굴Mining'으로 불리게 되었습니다.

___결국 비트코인은 블록체인 구조를 유지하기 위한 채굴작업에 참여한 사람에게 주어지는 보상이라는 말씀이군요.

블록체인은 어떻게 조작을 막는가?—비트코인과 51% 어택

___블록체인 구조는 앞서 말한 '이중 지불'등의 문제'에서 완전히 자유로울

수 있나요? 열심히 작업증명을 해서 블록을 만들 권한을 얻고, 이 권한으로 자기가 블록 안의 정보를 조작하면 아무 소용없는 일 아닙니까?

물론 채굴을 거쳐 블록 승인 권한을 획득한 사람이 이 권한을 남용할 위험이 있습니다. 예를 들어 전체 블록 중에서 1001번째 블록에서 A라는 사람이 B에게 1비트코인을 전송하는 대가로 신형 노트북을 구매해서 가져갔다고 해봅시다.

그런데 A가 1001번째 블록에서 1비트코인을 송금한 거래를 고의로 취소하면, 노트북은 그대로 가지면서 비트코인을 환불받을 수 있겠구나' 하는 나쁜 마음을 품을 수도 있겠죠?

거래를 그렇게 되돌리는 방법이 있습니다. 즉, 1001번째 블록이 생기고 나서 그다음 블록을 만들기 위해 채굴경쟁에 들어갈 때, A가 전 세계의 다른 사용자들보다 퍼즐을 먼저 풀어 블록 생성권한을 가져가면 됩니다. 그래서 아까 송금한 것과 똑같은 비트코인을 또 다른 사람에게 송금하는 중복 거래를 의도적으로 만들어버리면 앞의 거래를 취소할 수 있습니다. 그러려면 새로 만든 중복 거래가 반드시 이 전송금 거래보다 앞의 순서에 오도록 블록의 순서를 바꾸어야 합니다(그렇지 않으면 먼저 거래가 아니라 나중 거래가 취소되니 소용이 없게 되지요).

블록의 순서를 어떻게 바꿀 수 있을까요? 자기가 새로 생성한 블록을 1001번째 블록의 뒤가 아니라 그 앞에 끼어들어 1000번째 블록의 뒤에 붙여버리는 것입니다. 비트코인에서 블록의 생성자는 블록을 블록체인 중 어느 곳에나 마음대로 끼울 수 있기 때문에 이러한 조작이 가능한 것입니다.

자, 그러면 블록체인이 두 줄로 갈라지지 않습니까? 그러나 비트코인은 단지 하나의 줄만을 진짜로 인정합니다. 어느 줄이 진짜일까요? 비트코인의 진위 판별법은 매우 독특합니다. "어느 것이 진짜인지는 어느 쪽이 더 긴 체인인지에 달렸다"라는 것입니다.

만약 A가 이중지불 거래가 들어간 1002번째 블록을 1001번째 블록이 아니라 1000번째 블록에 붙이더라도, 다른 모든 사용자들이 진짜 1001번째 블록 뒤에 블록을 붙이고, 그 뒤를 이어 계속 블록을 써나가면, 결국 A가 조작한 블록체인은 진짜 체인보다 길이가 짧아져서 조작이 실패합니다. 그러나 만약 A가 혼자서 다른 사용자들이 함께 채굴하는 것보다 더욱 빠른 속도로 채굴을 해버리면, 조작된 블록체인이 진짜 블록체인보다 더 길어지게 되어 가짜가 진짜로 판명됩니다.

이것이 불합리하게 보일지 모르지만, 어느 블록이 진짜인지를 판정하는 심판 노릇을 할 중앙 시스템의 권위가 존재하지 않기 때문에, 이렇게 연산력을 대결하는 식의 진위 판별법이 필요합니다. 한마디로 "네가 진실하다는 것은 얼마나 많은 연산력과 전기료를 쏟아부을 수 있는지로 증명하라"라는 것입니다.

___조작은 거의 불가능에 가깝겠네요? 혼자서 전 세계에서 뛰어든 채굴업자들의 연산능력을 뛰어넘어야 가능한 일이니까요.

그렇지요. 이론적으로는 이중지불 조작이 가능하지만, 실제로는 불가능하지요. 다른 모든 사람들이 함께 채굴하는 것보다 혼자서 더 빠르게 채굴해야 하니까요. 혼자서 최소한 전 세계 비트코인 네트워크의 총 연산능력의 50% 이상을 보유해야만 이런 조작이 가능합니다. 그래서 이런 이중지불 조작 공격을 '51% 어택Attack'이라고 합니다.

그런데 이렇게 엄청난 연산력을 동원해서 공격하다 보면, 엄청난 고성능 컴퓨터들을 가동하는 전기료 등의 비용이, 조작해서 얻을 수 있는 이득보다 클 가능성이 높습니다.

게다가 조작 공격을 해서 비트코인을 부정으로 사용하면, 비트코인의 신용도를 낮추어 시세가 떨어지고, 결과적으로 자신이 보유한 비트코인의 자산가치도 하락하겠죠? 결국 자기 발등을 찍는 꼴이 됩니다. 그래서 실질적으로는 채굴비용의 장벽 때문에 이런 조작 공격은 가능하더라도 수지가 맞기 어렵습니다.

___정말 정교하게 설계되어 있네요. 결국 최후의 해킹 방어선은 수익보다 비용이 클 수밖에 없도록 만드는 것에 있다고도 보입니다.

비트코인은 비용이 많이 드는데도 왜 사용될까?

___그런데 이러한 조작과 해킹을 막기 위한 작업증명을 위해서도 전기와 컴퓨팅 파워 등 엄청난 자원이 소모되고 있지 않나요?

정말 어마어마한 전력이 소모되고 있습니다. 원래 비트코인이 처음 생겨났을 때는 개인용 PC를 가지고 취미 삼아 채굴하는 정도였기 때문에 전체 네트워크의 채굴비용을 다 합쳐도 그리 크지 않았습니다. 그러나 비트코인 네트워크의 특성상 채굴에 참여하는 컴퓨터들의 총 연산능력이 늘어나면 늘어날수록, 거기에 비례해서 수학 퍼즐의 난이도를 높여서 약 10분 간격으로 풀릴 수 있도록 재조정합니다. 더 많은 컴퓨터가 참여할 때 블록이 더 빨리 생성되는 것을 막기 위한 장치이지요.

현재는 전 세계에서 비트코인 채굴에 참여하는 모든 컴퓨터들이 소모하는 전기가 아일랜드 국민 전체가 사용하는 전력량보다 더 많다고 합니다. 전력 소모량이 이렇게 계속 늘어나는데도 불구하고, 비트코인 네트워크의 전체 거래 처리용량은 전혀 늘지 않았습니다.

비트코인은 처음 설계될 때부터 전 세계에서 1초에 약 7회 거래를 할 수 있도록 설계되었고, 이것은 채굴에 더 많은 컴퓨터가 참여한다고 해서 더 늘지 않습니다. 따라서 전 세계에서 1초에 7회보다 더 많은 거래가 발생하면, 거래가 승인될 때까지 줄을 서서 기다려야 합니다. 그러니 채굴에 참여하는 연산능력이 계속 늘어나는 것은 생산적인 기여는 조금도 하지 않으며, 단지 제로섬의 채굴경쟁만 심화하는 것이지요.

비트코인 창설자인 나카모토 사토시는 이러한 과도한 채굴경쟁을 제로섬 군비경쟁에 비유하면서 우려했고, 다들 신사협약을 맺어 채굴 전용으로 고성능 프로세서GPU를 동원하지 말고 가정용 PC 프로세서 정도를 동원해서 적절히 채굴하자고 제안하기도 했습니다.

___비용 비효율을 감수하고, 굳이 비트코인이라는 거래방식을 써야 할까 의문이 드네요. 지금까지 살펴본 바로는 비트코인의 미래는 아주 어두워 보

이는데요? 이 문제는 해결이 가능한가요?

지불 결제 시스템으로서의 비트코인은 비자Visa나 페이팔PayPal과 같은 기존의 중앙집중식 결제 시스템에 비해서 속도도 매우 느리고 비용도 더 비쌉니다. 그러니 일상적인 지불 결제 시스템으로서는 도저히 기존의 중앙집중식 네트워크와 경쟁할 수 없지요.

그러나 기존의 중앙집중식 결제 시스템은 당국에 의해 추적이 가능하고, 거래를 금지당하거나 취소당할 위험이 있습니다. 예를 들어 미국 정부는 줄리안 어산지의 위키리크스Wikileaks가 비자나 페이팔 등을 통해 온라인으로 후원금을 받지 못하도록 전부 차단했습니다. 그러나 위키리크스가 비트코인을 통해 후원금을 받는 것은 차단하지 못했다고 합니다. 이렇게 외부의 개입으로 거래를 차단 당할 염려를 할 필요가 없다는 것이, 비트코인이 더욱 비싸고 불편한데도 불구하고 거래에 쓰이는 이유 중 하나입니다.

프라이빗 블록체인은 왜 등장했을까?

____비트코인의 장점이라면 외부의 개입을 막을 수 있고, 위조나 변조가 거의 불가능하다는 것이겠고, 단점이라면 역시 비용이 엄청나게 많이 드는 반면 처리용량은 너무 떨어진다는 점이라고 보면 되겠지요?

일단 여기까지만 본다면, 솔직히 블록체인 방식의 거래를 굳이 사용할 필요가 별로 없어 보입니다. 그럼에도 불구하고, 수많은 기업들이 블록체인에 투자하고 있습니다. 이들은 블록체인의 어떤 점에 집중하는 것일까요?

블록체인은 비트코인을 위해 개발되었지만, 가상화폐 이외의 용도로도 쓰일 수 있습니다. 블록체인은 기본적으로 하나의 장부를 다수가 공유하면서 함께 기록하는 방식입니다.

기존의 중앙집중식 시스템은 은행의 온라인뱅킹 거래 기록과 같은 장부가 중앙 서버에만 보관되며, 이 내용이 진실한지는 오직 은행과 같은 중앙의 권위를 믿고 의지하는 수밖에 없었습니다. 그러나 블록체인은 장부가 모든 사용자들에게 공유되며, 이 장부를 모두가 일정한 작업증명 등의 합의절차를 거쳐 함께 기록합니다. 그런데 이 장부에 반드시 코인의 거래내역만을 기록할 수 있는 것은 아닙니다.

물류에 응용한다면 화물의 배송기록을 써넣을 수도 있고, 무역에 응용한다면 수출입 기록을 써넣을 수도 있고, 의료에 응용한다면 환자의 진찰기록을 써넣을 수도 있습니다. 이렇게 블록체인이라 불리는 장부에 비트코인 거래기록이 아닌, 다른 무엇인가를 기록해보려는 시도가 광범위하게 나타나고 있습니다.

___우리가 비트코인을 계속 전자화폐라고 하고 투기적 거래행태에만 집중하다 보니, 본래의 목적을 자꾸만 잊어버리는 것 같습니다. 블록체인은 결국 장부기록이 핵심이란 말이군요.

그럼에도 불구하고, 블록체인을 이용한 장부기록에는 작업증명이 필수적이고, 이 작업이 매우 어렵다는 점이 계속 마음에 걸립니다. 어떤 장부를 하나 기록하는데, 비싼 작업증명이 계속 필요하다면 과연 쓸모가 있을까요?

블록체인의 핵심은 두 가지입니다.

첫째, 다수의 사용자들이 장부를 함께 기록해나간다는 것이며, 둘째, 앞서 기록한 장부 내역에 다음에 쓴 내용을 이어붙이기 때문에 앞의 내용을 나중에 임의로 고칠 수 없다는 기록의 비가역성입니다.

현재 블록체인의 두 가지 핵심 원칙을 유지하면서도, 대신에 작업증명을 통한 완벽한 탈중앙화는 포기하는 방식의 변형이 광범위하게 이루어지고 있습니다.

작업증명이 복잡하고 비용이 많이 드는 이유는 중앙의 권위를 완전히 거부하기 때문입니다. 블록의 승인과정을 심사하는 주체가 있어서 부분적으로나마 중앙의 권위를 다시 들여온 혼합형 블록체인을 '프라이빗 블록체인Private Blockchain'이라고 합니다. 프라이빗 블록체인에서는 심판 역할을 하는 참여자를 다른 참여자보다 더 높은 신뢰성을 가진 것으로 간주합니다.

반대로 심판 역할을 하는 사람, 즉 다른 사람보다 더 신뢰할 만하다고 간주되는 사람이 없고, 자격의 제한이 전혀 없이 모든 네트워크 참여자들을 정확히 동일하게 신뢰 또는 불신하는 것이 '퍼블릭 블록체인Public Blockchain'입니다. 비트코인은 중앙의 권위가 없는 퍼블릭 블록체인이죠.

현재 가상화폐 이외의 다른 용도로 응용되고 있는 블록체인은 대부분이 프라이빗 블록체인입니다. 이 경우 심판 역할을 하는 권위가 존재하기 때문에 작업증명이 필요 없습니다. 그래서 일반적으로 프라이빗 블록체인은 비트코인과 같은 퍼블릭 블록체인에 비해 처리속도가 엄청나게 빠르며, 장부에 훨씬 다양한 종류의 데이터를 기록할 수 있습니다.

프라이빗 블록체인, 어디에 비교우위가 있는가?

___블록체인이라는 어려운 기술을 사용하는 이유는 중앙의 권위에 기대지 않는 완벽한 시스템을 위한 이상형을 추구한다는 느낌이 강한데, 이렇게 프라이빗 블록체인 방식을 쓴다면 애초의 목적에서 많이 벗어나게 되는 것 아닌가요?

그렇습니다. 그래서 비트코인 커뮤니티 등에서는 프라이빗 블록체인은 블록체인이 아니고, 기존 중앙집중식 시스템이 단지 이미지 포장만 한 것이라고 비난하기도 합니다. 그럼에도 불구하고 앞서 언급한 블록체인의 중요한 두 가지 핵심 원칙은 프라이빗 블록체인에서도 대체로 유지되고 있습니다.

첫째, 프라이빗 블록체인도 장부가 다수의 사용자들에게 공유되어 함께 기록되고 있으며, 둘째, 장부가 블록의 형태로 연결되어 있으므로 대체로 앞의 기록을 나중에 임의로 고치기가 힘든 비가역성을 가지고 있습니다. 물론 프라이빗 블록체인의 종류가 매우 다양하므로, 이러한 특성이 상대적으로 잘 유지된 경우와 그렇지 못한 경우의 차이가 있긴 합니다.

비록 프라이빗 블록체인이 중앙의 권위를 다시 불러왔다고 하더라도, 시스템 운영자가 이미 먼저 쓰인 기록을 나중에 자의적으로 고쳐서 위조하기 힘들다는 점에서, 일반 사용자가 중앙 시스템 운영자의 권한 남용을 제한할 수 있는 방어장치를 가질 수 있는 셈이죠.

블록체인은 높은 보안성을 가진다고들 합니다. 이때의 보안성은 외부의 해커로부터의 보안성이 아니라, 시스템 운영자의 권한 남용으로부터 데이터를 지킬 수 있는 보안성을 의미합니다. 해커로부터의 보안성은 블록체인이 아니라 다른 방법으로도 확보할 수 있는 대안이 많지만, 시스템 운영자로부터 이용자의 데이터를 보호하는 보안성은 다른 문제입니다.

예전에 페이스북이 사용자들의 비공개 데이터가 외부에 유출되는 것을 방조했다는 의혹이 있었습니다. 블록체인은 비록 프라이빗 블록체인이라고 해도, 시스템 운영자의 이러한 권한 남용을 어느 정도 제한할 수 있는 방어장치를 만드는 것이 가능합니다.

___프라이빗 블록체인 방식으로 운영되는 시스템은 퍼블릭 블록체인 방식의 시스템보다 아무래도 신뢰도가 좀 떨어지겠지요? 운영주체가 어떤 위변조를 할지 검증이 확실하지는 않으니까요.

비트코인의 모토는 "불신으로부터 신뢰를 창출한다"입니다. 즉, 네트워크 참여자들끼리 서로 믿지 못하고 의심하면서도, 게임의 룰에 의해 누구나 정직하게 행동하는 것이 서로에게 이득이 되기 때문에 신뢰가 시스템적으로 창출된다는 것입니다.

현실사회에서 신뢰란 불평등합니다. 어떤 사람은 다른 사람보다 더 높은 신용을 가지고 있으며, 보통 권력을 더 많이 가지거나 사회적으로 더 높은 지위에 있는 사람들이 신용이 더 높지요. 인터넷 서비스의 경우에도 구글이나 페이스북, 아마존 같은 대형업체가 중소업체에 비해 신용도가 더 높지 않습니까? 즉, 신뢰는 평등하지 않습니다. 따라서 비트코인은 모든 사람을 평등하게 의심함으로써 모든 사용자들을 평등하고 수평적으로 만듭니다.

프라이빗 블록체인은 이러한 수준의 완전하고 평등한 신뢰를 달성할 수 없으며, 이것은 퍼블릭 블록체인보다 더 빠른 거래속도와 데이터 기록의 유연성을 얻은 대가로 희생되는 것입니다.

그러나 프라이빗 블록체인도 시스템에서 블록을 승인하는 결정을 운영자의 자의적 판단이 아니라 이용자 전체에게 공개된 합의된 룰에 기반해서 하거나, 그 룰이 잘 지켜지는지를 판정하는 외부 감사를 두는 식으로 잘 설계하면, 시스템 운영자의 자의적인 권력 남용을 제한할 수 있습니다. 그렇다고 해도 퍼블릭 블록체인처럼 시스템에서 자동적으로 신뢰가 보장되는 것은 아니며, 사용자, 운영자, 외부감사 등의 커뮤니티 전체가 나서서 의식적으로 신뢰를 만들어가야 하는 것이죠.

비트코인과 같은 퍼블릭 블록체인은 참여자 개개인의 신뢰도보다 더 높은 신뢰도를 가진 시스템을 만들어내지만, 그 과정에서 채굴이라는 엄청나게 비싼 신뢰 생성 프로세스가 필요합니다. 반면, 프라이빗 블록체인은 딱 참여자들의 신뢰도만큼만 시스템을 신뢰할 수 있습니다. 그러므로 운영주체의 신뢰성 확보 여부가 퍼블릭 블록체인의 경우보다 훨씬 더 중요합니다.

컨소시엄 블록체인은 무엇이 유리한가?

___프라이빗 블록체인 방식이 최초의 퍼블릭 블록체인 방식보다 더 효율적이라 하더라도, 기존의 중앙집중식 시스템에 비해서는 느리고 비효율적일 수밖에 없지 않나요?

그렇지요. 분산형 장부라는 특성은 필연적으로 데이터 처리과정의 속도 저하 및 비효율성을 가져옵니다. 하지만 중앙집중식 시스템이 처리속도가 빠른 것은 단지 하나의 운영주체가 관할하는 영역 안에서 모든 거래가 이루어질 때뿐입니다. 만약 거래가 특정한 시스템 운영주체의 관할 경계를 넘어서서 이루어지면 중앙집중식 시스템이 더 빠르지 않습니다. 데이터가 관할 주체의 경계를 넘어서는 과정에서 복잡한 프로세스가 필요하기 때문입니다.

반면 분산형 장부의 경우에는 하나의 장부를 서로 다른 운영주체가 쉽게 공유할 수 있습니다. 따라서 추가비용 없이 거래 데이터가 관할 주체가 다른, 서로 다른 시스템들 사이의 경계를 넘나들 수 있습니다. 그래서 거래과정에서 서로 다른 관할 주체 사이를 자주 넘나들어야 하는 경우, 오히려 블록체인 시스템이 중앙집중식 시스템보다 더 빠르고 효율적일 수 있습니다.

___제가 이해한 바로는 은행 송금의 경우 국내 은행 간 이체는 굉장히 빠르고 효율적으로 할 수 있지만, 해외의 어떤 은행에 송금한다면 꽤 복잡해진다는 것 아닐까요? 미국 은행만 해도 좀 쉽겠지만, 아프리카의 콩고에 있는 은행에 송금한다면 상당히 어려운 문제가 될 것 같거든요.

바로 그렇습니다. 한 은행의 내부거래는 쉽지만, 다른 은행으로 송금하는 경우에는 은행 간의 협약에 의한 절차가 필요합니다. 국경을 넘게 되면 과정이 더욱 복잡해지고, 관련 협약이 체결되지 않은 나라라면 더욱 복잡해지죠.

그러나 블록체인 기반 송금의 경우, 하나의 장부를 협약을 맺은 다수의 금융기관끼리 공유해서 관리한다면, 그냥 공유 장부에 송금 내역이 기록된 블록을 추가하기만 하면 실시간으로 모든 금융기관에 공유됩니다. 실제로 여러 나라의 은행들끼리 블록체인 기반의 국제 송금 서비스를 구성하여 처리시간을 크게 단축시키려는 계획이 진행되고 있습니다. 이 경우에는 거래 장부를 공유하는 협약을 맺고 컨소시엄을 구성한 금융기관들이 블록체인의 공동 관리주체가 되는 것입니다. 이처럼 관리 주체가 다수로 분산된 경우를 프라이빗 블록체인 중에서도 특별히 '컨소시엄 블록체인'이라고 합니다.

블록체인은 산업에서 어떻게 이용될 수 있는가?

___블록체인의 방식도 매우 빠른 속도로 발전하고 있군요. 퍼블릭 방식과

프라이빗 방식은 서로 장단점이 교차하는데, 방금 소개한 컨소시엄 방식은 양자의 특징을 잘 섞어놓은 듯합니다.

결국 마지막 남는 문제는 이런 블록체인을 어떻게 써먹느냐 하는 것이겠네요. 그동안 수많은 개발 및 투자계획이 알려졌지만, 우리가 일상에서 실감하기는 쉽지 않습니다. 실제로 블록체인 시스템이 산업계 등에서 쓰이는 예가 있나요?

아직 초기 단계이긴 하지만, 구체적인 프로젝트들이 진행되고 있습니다. 해운 및 물류의 경우 세계 최대 해운사인 머스크Maersk사가 IBM과 제휴하여 화물의 이동을 블록체인을 활용하여 전 세계적으로 추적 및 관리하는 시스템을 구축하겠다고 발표했습니다.

해운의 경우, 하나의 배에 행선지가 다른 수많은 컨테이너가 실리고, 심지어 같은 컨테이너 안에도 화주가 다른 화물들이 섞여 있습니다. 즉, 해운사는 물류 데이터를 관리하기 위해 엄청나게 다양한 화주를 상대해야 할 뿐만 아니라 여러 나라에서 입항 및 통관 처리를 해야 합니다. 기록이 복잡한 것만 문제가 아니라, 실제로 기록을 작성하는 주체가 여러 나라에 분산되어 있기 때문에 더욱 문제가 되며, 기록이 중복 또는 누락되어 혼선이 발생할 우려도 있습니다.

그런데 화물의 화주와 세관의 관계자, 해운사 등이 화물이 이동하는 과정에서 단계별 이동정보가 기록된 블록체인 형태의 분산 원장을 공유한다면, 화물의 이동과정이 신속하게 모든 관계자들에게 공유될 것입니다.

화물 물류 블록체인이 구현되는 예는 이런 것을 상상해볼 수 있을 것입니다. 서울에서 화주가 화물을 해운사에 접수시키면서 '화물 접수 및 대금 결제 완료, 화물 내용 및 일자는~'이라고 기록한 블록을 생성하고, 그다음에 그 화물이 트럭으로 이동해서 인천항에 도착하면 인천항에서 화물을 수령하는 담당자가 '화물 수령 완료, 수령 장소는 인천항'이라는 블록을 새로 작성해서 앞에서 화주가 작성한 블록에 이어붙입니다. 그러고 나서 출국 수속을 완료하면 세관직원이 '출국 수속 완료'라는 내용의 블록을 추가합니다. 그다음에는 '선적 완료, 항해 중', 그리고 목적지 항구에 도착하면 현지 세관 담당자가 '입국 수속 개시 및 관세 관련 정보'를 블록에 써넣어서 이어붙이겠지요.

이런 과정이 모든 관계자에게 공유되면서 화물의 이동 및 처리 단계에 대한 정보를 신속하게 조회할 수 있으며, 기록 중복 및 누락의 위험도 줄일 수 있습니다.

블록체인의 또 다른 가능성은 무엇인가?

____물류 분야의 변화는 아무래도 블록체인과의 관련성이 쉽게 연상됩니다. 물류라는 것이 결국 장부정리가 끝없이 따르고, 여기에서 어떤 효율성을 찾아야 하는 필요성이 클테니까요.

그럼 다른 분야에서는 어떤 가능성이 있을까요?

의료 분야의 경우, 구글의 딥마인드에서 블록체인 기반으로 의료 기록을 관리하려는 구상을 하고 있습니다. 이 경우에는 블록에 쓰이는 내용이 가상화폐 송금 내역이 아니라 환자의 의료기록이라는 점이 핵심입니다.

예를 들면 엑스레이 영상이나 혈액검사 결과, 의사의 진료기록 등이 블록에 쓰이고, 진료를 여러 차례 받으면서 블록들이 계속 추가되지요. 이는 퍼블릭 블록체인이 아니라 프라이빗 블록체인이기 때문에, 진료기록 블록체인은 모든 사람에게 공개되는 것이 아니라 환자 본인, 권한을 부여받은 의사나 관계자들만이 내용을 조회할 수 있습니다.

여기서 중요한 것은 환자의 의료기록을 조회하려는 시도는 전부 '○○시에 A가 환자B의 C 기록을 조회하였음'이라는 식으로 블록에 기록되어 추가되고, 블록체인의 비가역적 특성상 나중에 조회 기록을 삭제하기가 매우 어렵다는 것입니다. 이런 식으로 환자가 자신의 의료기록을 누가 어떤 목적으로 활용했는지를 알 수 있고, 여기에 대해 통제권을 가지게 함으로써 자신의 의료기록이 연구용으로 활용하는 것에 대한 거부감을 줄일 수 있습니다.

이렇게 개인정보 관련 데이터를 블록체인을 통해 관리하면, 자신의 데이터가 누구에게 어떻게 이용될지 모른다는 불확실성이 줄어들기 때문에, 데이터 공유 활성화에도 도움이 될 수 있을 것입니다.

블록체인은 이렇게 다양한 영역에 응용될 수 있기 때문에, 단순히 가상화폐를 뒷받침하는 시스템만으로는 볼 수 없습니다.

6장

핀테크

기존 은행 전산화와 무엇이 다른가?

4th
Industrial
Revolution

정보기술이 금융 부문에 일으킨 변화

___1980년대에 미국 연방준비제도이사회FRB 의장을 지낸 금융계의 거물 폴 볼커는 금융업의 혁신에 대해 "지난 수십 년 동안 금융이 이룬 혁신은 ATM기가 유일하다"는 말을 했습니다. 그만큼 금융업은 보수적이고 기술적 혁신이 이루어지기 어렵다는 것입니다. 연장선상에서 4차 산업혁명이라는 트렌드에서 금융업이 이룰 수 있는 여지는 매우 협소해 보이는데요?

금융의 기본적인 기능은 지난 수백여 년 동안 거의 비슷했지요. 예금, 대출, 그리고 송금 기능처럼 말입니다. 그런데 금융의 기본적 기능 자체는 변하지 않았으나 그러한 기능을 수행하는 방식이나 기술은 많은 변화가 있었습니다.

금융산업, 특히 은행의 경우 매우 전통적인 특성을 가지고 있으면서도, 역설적으로 전산화가 가장 집중적으로 이루어진 분야 중 하나입니다. 대형 메인프레임 컴퓨터 및 PC의 도입, 인터넷의 확산, 스마트폰의 등장 등 굵직한 IT 기술의 변화는 예외 없이 금융 분야에도 지대한 영향을 미쳤습니다.

대형 메인프레임 컴퓨터를 도입하여 은행의 거래 장부를 전산화 및DB화했고, PC가 도입되자 단말기를 은행 창구마다 설치했습니다. 인터넷이 확산되자 곧바로 인터넷 뱅킹을 시작했으며, 스마트폰이 등장하니 모바일 뱅킹을 도입했지요. 즉, 금융산업은 비록 업무의 기본적 내용은 오랜 기간 전통적인 틀을 유지했으나, 업무의 수행 수단으로서 새로운 정보기술을 매우 적극적으로 받아들인 산업이기도 합니다.

핀테크 기술의 변화 방향성

___금융업의 수익모델은 극도로 단순화해 말하면 딱 두 가지로 정리할 수 있습니다.

첫째, 예금을 받아 대출하는 과정에서 나오는 예대마진이고, 둘째, 각종 금융 서비스를 제공하는 데에서 나오는 수수료 수입입니다. 사실 금융의 이러한 두 가지 기본적이고 본질적인 사업모델 자체는 변하지 않겠지만, 이를 수행하는 방식에서는 많은 변화가 예상됩니다.

최근에 가장 많이 회자되는 금융 관련 용어는 역시 '핀테크Fintech'입니다. '파이낸스 테크놀로지Finance Technology'의 줄임말이죠. 최근 금융 분야 혁신의 대명사처럼 여겨지는 핀테크란 무엇이고, 금융 현장에서는 어떻게 활용되고 있나요?

금융 분야에 IT 기술이 도입된 지 수십 년이 넘었으니, 핀테크란 말이 갑자기 튀어나온 것은 아니고, 오랜 시간에 걸쳐 이루어진 금융 정보화를 더욱 심화하는 개념으로 보면 됩니다.

금융 정보화의 방향성으로 자동화 및 개별화의 진전을 꼽을 수 있습니다. 자동화란 과거 창구에 가야 할 수 있었던 업무들을 인터넷 또는 모바일 뱅킹을 통해 할 수 있게 된 것입니다. 인터넷이 도입되기 전부터 이미 폰뱅킹 등을 통해 시작되었던 장기적 트렌드입니다. 그러나 과거에는 입출금 업무 정도를 창구에 가지 않고 폰뱅킹이나 인터넷 뱅킹을 통해서 했다면, 요즘은 예전에는 반드시 창구에서 상담을 받고 진행하던 대출업무 등도 온라인을 통해서 할 수 있게 되었습니다.

개별화란 금융상품의 종류가 매우 다양해지고, 개인의 상황이나 니즈에 개별적으로 맞추어 차별화되고 있다는 것입니다. 이 경우에는 자동화에도 불구하고, 복잡한 상품에 대해 지점에서 직원이 직접 고객에게 설명해야 할 필요성이 증가한 경향이 있습니다.

인터넷 전문은행의 가능성과 한계

___자동화·개별화가 가장 극적으로 드러나는 예는 인터넷 은행의 탄생인 것 같습니다. 아예 은행 창구를 없애버리고 모든 것을 온라인으로 처리하고 있으니까요. 증권사의 HTS도 마찬가지입니다. 증권사 창구에 갈 일이 거의 없어졌습니다. 이처럼 비대면 금융 서비스가 가능해진 것은 확실히 큰 진전으로 보입니다. ATM 기기보다 훨씬 편리하고 유용하니까요.

그런데 인터넷 은행이라는 현상에 주목해서 본다면 좀 의문이 있습니다. 우리나라의 경우 자산 기준으로 인터넷 은행의 비중은 아직 0.3% 정도에 불과합니다. 우리는 인터넷 은행의 역사가 워낙 짧으니까 그렇다 치더라도, 미국이나 일본도 점유율이 그리 대단하지는 않습니다. 미국도 10% 남짓이고, 일본도 4%대입니다. 이들은 이미 인터넷 은행이 출범한 지 10년이 넘었는데도 말입니다. 인터넷 은행이 이처럼 자리잡기 힘든 이유는 무엇일까요? 특히 온라인 전용 증권사가 승승장구하는 것과 비교하면 의문은 더욱 커집니다.

은행은 대표적으로 규모의 경제가 존재하는 산업입니다. 왜냐하면 은행의 핵심 기능은 예금자가 언제 돈을 찾으려고 할지 모른다는 불확실성을, 다수의 예금자로부터 예금을 받아 커다란 예금 풀Pool을 만들어 극복하는 것이거든요. 그래서 신규 진입자가 이미 대규모 예금 풀을 확보한 기존 은행의 우위를 이기기 어렵습니다.

만약 신규 진입자가 예대마진을 줄여서 기존 은행 대비 가격우위를 확보하려고 한다면, 즉 예금자에게 높은 금리를 주어 돈을 끌어모아 대출자에게 낮은 금리로 대출해주는 식으로 한다면 장기적으로 지속하기 어렵습니다. 기존 은행도 경쟁적으로 예대마진을 줄여서 대응할 수 있으니까요.

물론 인터넷 은행의 경우 지점을 줄이고 업무를 자동화하여 인건비를 절감한다는 이점이 있습니다. 그러나 이러한 자동화의 이점은 기존 은행들도 활용할 수 있습니다. 그리고 기존 은행이 창구를 유지하면서 많은 인건비를 지출하는 것은 나름대로 이유가 있습니다. 영업거점의 역할이나 복잡한 상품에 대한 대면 상담 등 여러 이점이 있으니까요.

따라서 인터넷 전문은행은 단순히 인건비를 절약해서 저비용으로만 승부해서는 기존 은행을 위협할 정도로 성장하기가 쉽지 않습니다.

____지금 우리 상황에 비추어보면 바로 이해가 됩니다. 인터넷 전문은행이 대출상품을 잘 만들어도, 예금 규모가 너무 작기 때문에 대출 여력이 작아서 금방 소진되어 버리더라고요. 이처럼 규모의 경제가 안 되다 보니, 취급할 수 있는 상품의 종류나 규모가 제한적입니다. 단적으로 아직도 인터넷 전문은행은 최근 가장 중요한 상품인 부동산 담보대출을 취급하지 못하고, 직장인 소액대출만 취급하고 있습니다.

거기다 인터넷 전문은행 특유의 모바일 시스템도 기존 은행이 금방 따라잡을 수 있습니다. 그렇게 보면 인터넷 전문은행이라는 카테고리보다는, 금융업 전반에서 일어나고 있는 온라인화에 더욱 주목해야 할 것 같습니다.

인터넷 전문은행의 출범시기에 가장 뜨거운 논쟁은 역시 '비용절감'이었습니다. 은행 창구와 인력을 모두 없애면 비용이 절감되므로 엄청 큰 장점이 될 것으로 생각했습니다. 그런데 이러한 비용절감의 비중은 금융업의 규모에 비하면 상대적으로 그리 결정적인 것 같지는 않습니다. 새로운 형태의 금융업이 가져올 혁신은 딴 것에 있지 않을까요?

앞서 금융업 정보화의 양대 트렌드가 자동화와 개별화다양화라고 했는데요. 정보화는 단지 금융업의 비용을 낮추는 역할뿐만 아니라 개별 소비자의 상황에 맞는 다양한 금융상품을 만들어내는 것에도 크게 기여합니다. 정보기술의 도입으로 창구에서 입출금 업무 등에 묶여 있는 인력이 줄어들고, 대신 상품 설명 등 좀 더 복잡한 업무에 더 많은 인력을 투입할 수 있게 됩니다. 그래서 매우 다양한 금융의 형태가 나타날 수 있게 되고, 앞서 말한 인터넷 전문은행도 그런 다양한 형태 중 하나입니다.

인터넷 전문은행은 기존 은행이 취급하는 여러 금융상품 중에서 상대적으로 직접 대면해서 설명하고 계약서를 주고받아야 할 필요가 적은 상품들을 취급하는 데에 특화되어 있지요. 예를 들어 소액 신용대출 등을 주로 합니다. 직접 문서를 제출하지 않아도 되고, 모바일로 본인 인증을 하면 곧바로 제휴한 신용정보 평가기관에서 신용정보를 얻고 자동으로 심사하여 대출 여부 및 대출 액수를 산정할 수 있습니다.

인터넷 전문은행은 이처럼 완전 자동화가 가능한 일부 기능만을 따로 떼어낸 것이기 때문에, 기존 은행과 대체관계라기보다는 보완관계에 가깝다고 봐야 할 것 같습니다.

___인터넷 전문 은행은 실상은 전통적인 은행과 크게 다르지 않았네요. 은행 점포가 온라인 화면으로 바뀐 것 정도네요.

금융의 새로운 경지는 어떻게 열릴까?

___최근 기존 금융업과 확실히 다르게 보이는 업태도 등장했습니다. 가장 많이 회자되는 것이 바로 P2P 대출이나 크라우드 펀딩Crowd Funding 입니다. 이들은 최근의 큰 혁신으로 볼 수 있을까요?

P2P 대출이나 크라우드 펀딩은 금융 분야에서 일종의 탈중개화 현상입니다. 물론 이 경우에도 완전한 직거래는 아니고 중간에 개인 간의 거래를 매개하는 역할을 업체가 하지만, 기존 금융기관처럼 대량의 예금 풀을 보유하고 있지는 않습니다.

즉, 기존 금융기관은 예금자가 예금을 하면 그 돈을 받아서 필요한 측에 대출하는데, P2P나 크라우드 펀딩은 투자자가 대출자에게 곧바로 대출을 해줍니다. P2P 금융기관은 다수의 투자자와 다수의 대출자 중에서 서로의 니즈가 부합하는 사람들을 연결해줍니다. 이는 마치 에어비앤비AirBnB나 우버Uber와 비슷합니다. 매우 다양한 수요자와 공급자가 서로를 찾을 수 있게 강력한 검색 및 자동 매칭 기능을 제공하는 것입니다.

___탈중개화를 가능하게 해준 것이 바로 최근의 기술발전이겠지요? 네트워크의 힘으로 비대면 거래가 가능한 플랫폼이 생겼으니까요. 또한 데이터 처리의 혁신이 계속되고 있으니 더욱 개별화된 매칭이 가능해졌습니다. 여기서 다시 빅데이터 처리기술의 혁신이라는 주제가 등장할 것 같은데요?

빅데이터 처리 기술은 최근 금융혁신의 모든 분야에서 핵심적 기여를 하고 있습니다. 일단 탈중개화를 통해 투자자와 대출자를 직접 연결하기 위해서는 복잡한 투자 프로젝트를 카테고리화하고 검색할 수 있는 플랫폼과 고객들에게 적합한 상품을 자동으로 추천하는 기능이 필요한데, 이 과정에서 빅데이터 처리와 인공지능 기술이 필요합니다.

빅데이터 처리 기술은 좀 더 전통적인 금융 기능을 수행하는 데도 매우 중요합니다. 예를 들어 대출심사나 신용평가 과정에서 기존의 담보 위주 대출이나 기계적이고 형식적인 평가를 넘어서서 금융 소비자의 다양한 금융 행태들에 대한 데이터를 분석해서 신용평가를 좀 더 정밀하게 하고, 서로 다른 금융기관들이 신용평가 데이터를 공유함으로써 비용을 절감할 수 있습니다. 인터넷 전문은행은 신용평가 정보가 자동적으로 전산망을 통해 공유되고 있기 때문에 가능한 것이지요.

또한 신용평가를 다양한 데이터를 활용해서 정밀하게 할 수 있게 되면서 기본적으로 대출 가능성이 확대됩니다. 기존에 너무 경직된 기준 때문에 대출을 못 받았던 문제를 시정할 수 있습니다. 반대로 과거에 비해 더욱 정밀한 심사를 통해서 위험한 대출을 사전에 억지함으로써 채무불이행으로 인한 금융 리스크를 줄여줄 수도 있지요.

___1980년대부터 이루어진 컴퓨팅 능력의 급격한 발전이 다양한 금융상품을 만들어낼 수 있는 토대가 되었다면, 최근의 네트워크 기반 확대와 데이터 처리기술의 혁신은 금융업의 새로운 경지를 만들어가는 것 같습니다.

7장

스마트헬스

데이터는 의료를 어떻게 바꾸는가?

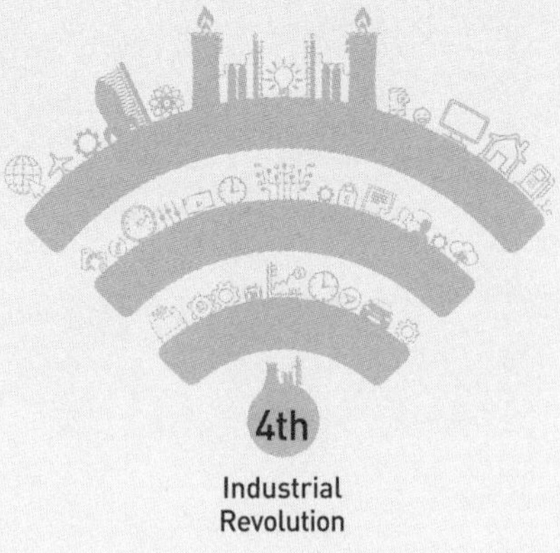

의료 정보화의 영역

___4차 산업혁명의 파급 효과가 큰 분야 중 하나만 꼽으라면 저는 의료 분야를 선택하겠습니다. 이유는 아주 단순합니다. 의료 분야가 너무나 중요하고 거대해졌기 때문입니다.

GDP 대비 의료 분야의 비중을 살펴보면, 대한민국은 비정상적으로 낮아서 8%대를 기록하고 있지만 미국은 무려 18%대입니다. 미국인들은 버는 돈의 5분의 1을 의료비로 지출하고 있다는 말입니다. 그렇다고 미국인들이 자국의 의료 시스템에 만족하고 있는 것 같지도 않고요.

의료 분야가 이처럼 삶에서 차지하는 비중이 높으면서도 비효율이 판치

는 곳이라면, 혁신의 가능성도 매우 높을 것으로 생각합니다. 현재 의료 분야에서는 어떤 혁신이 도모되고 있나요?

의료 분야를 크게 두 가지로 나누면, 병원의 질병 진단 및 치료라는 전통적인 의료 분야, 그리고 평상시의 질병 관리 및 예방 분야입니다. 둘다 ICT Infomation and Communications Technologies, 정보통신기술 융합이 활발해지고 있습니다.

먼저 병원에서 이루어지는 변화를 보면, 기존에 병원의 정보화는 병원 행정을 위주로 이루어졌습니다. 입원 수속, 병실 배정, 각종 원무 수납 등 의사의 진료 행위 자체보다는 병원의 행정을 지원하는 기능 위주로 정보화가 이루어진 것이지요.

하지만 이제는 정보화가 의사의 진료를 좀 더 지원하는 형태로 빠르게 발전하고 있습니다. 환자의 의료기록을 DB화하는 것은 기본이고, 비슷한 질병을 가진 다른 환자들의 방대한 의료기록과의 대조를 통해서 질병의 진단 및 치료방법에 대해 데이터 기반으로 시사점을 얻고자 하는 방향으로 나아가고 있습니다.

가장 유명한 것이 인공지능 의사 왓슨Watson입니다. 무인진료는 아직 멀리 있지만, 인공지능과 빅데이터 분석을 통해 의사의 진단 및 치료 판단에 도움을 주는 지원 시스템은 꾸준히 개발되고 있습니다.

AI 및 데이터 기반 의료의 효용과 한계

___의료 분야는 사람의 생명을 직접 다루기 때문에, 인공지능에 완전히 맡기기는 정말 힘들 것 같습니다. 의료행정 분야는 기술혁신이 오히려 쉽겠지만, 진단 및 치료 분야는 전혀 다른 문제가 되겠지요. 왓슨에도 기술적인 한계가 있겠지요?

대부분의 인공지능 응용 사례들과 마찬가지로, 왓슨은 대량의 진단 데이터 및 기존에 인간 의사들이 내린 처방의 조합에서 패턴을 찾아냅니다. '종양의 지름이 몇 센티미터 이하이고, 몇 달 후 얼마나 더 커지면 의사들은 암이라고 진단을 했더라~'라는 식으로 사례 데이터를 조합해서 암 진단을 내리는 것이지요.

다른 인공지능 응용 사례와 마찬가지로, 왓슨은 스스로 의학의 원리를 이해하지 못하며, 철저히 대량의 데이터에서 기계적 패턴을 찾아내는 방식으로 작동합니다. 따라서 왓슨은 그 어떤 인간 의사보다도 많은 임상 사례들을 암기하고 있다는 점에서는 우월하지만, 그 임상 케이스를 바탕으로 내리는 판단들은 철저히 암기 위주에 기반하고 있기 때문에 경직성이 심하며 도식적입니다. 그리고 보유하고 있는 데이터에 의존하기 때문에, 기존 데이터와 벗어난 사례에는 대처하기가 어렵다는 문제점도 있습니다.

따라서 인간 의사가 왓슨이 내린 처방을 보고 검토해주어야 하며, 인간 의사 없이 독자적 진료는 어렵습니다. 마치 셜록 홈즈가 하는 일의 상당수를 조수인 왓슨이 대신해줄 수 있겠지만, 홈즈 없이 왓슨 혼자서 사건을 해결할 수 없는 것과 비슷합니다.

웨어러블 의료기기의 역할 및 한계

____의료 분야에서 인공지능은 데이터 의존적인 시스템의 기술적 한계에도 불구하고 유용성도 분명히 크기에 앞으로 더욱 확산될 것으로 보입니다.

왓슨뿐만 아니라 애플워치Apple Watch와 같은 웨어러블Wearable 기기가 건강검진을 하는 등의 혁신도 일어나고 있는데요. 의료 분야에 또 어떤 혁신이 가능할까요?

현재 의료 분야의 ICT 융합은 병원에서 환자를 치료하는 것뿐만 아니라 질병 예방 및 조기 발견, 만성환자의 일상적 질병 관리의 영역까지 확대되고 있습니다. 웨어러블 의료기기의 확산은 이러한 예방 및 관리 분야에서 많은 기여를 하고 있습니다.

물론 병원 밖의 일상생활에서 이루어지는 저강도 의료행위들은 아무래도 병원에서 고가 전문장비와 전문인력을 통해서 이루어지는 진단 및 치료보다 덜 정밀할 수밖에 없습니다. 그 대신에 일상생활에서 실시간으로 언제나 몸 상태에 대해 추적 관찰할 수 있다는 것이 비교우위입니다.

이것도 역시 완전히 새로운 개념은 아닙니다. 좀 더 전통적인 사례로는 가정용 체온계나 혈압계를 들 수 있겠지요. 당연히 병원에 비치된 측정 장비보다 덜 정확하지만, 일상생활에서 수시로 측정할 수

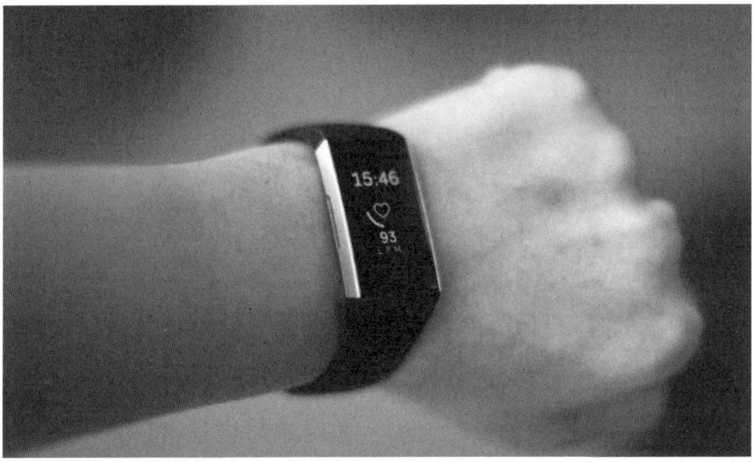

심박수 등 건강상태 체크가 가능한 스마트워치 핏비트Fitbit

있다는 장점 때문에 널리 쓰이니까요.

이제는 정보통신기술의 발전으로 가정용 체온계나 혈압계보다 훨씬 많은 것을 측정하고 관리할 수 있습니다. 스마트워치와 같은 장치로 맥박 등을 측정해서 부정맥이나 심장발작으로 이어질 수 있는 심장박동의 이상징후를 조기에 포착할 수 있습니다.

아직 초기단계이긴 하지만, 인공지능을 기반으로 한 모바일앱이 스마트폰 카메라로 피부에 생긴 반점 등을 촬영해서 곧바로 병원을 방문해야 하는 심각한 징후인지를 판단하게 해주는 서비스도 개발 중입니다.

스마트폰으로 눈을 촬영해서 당뇨병이 망막혈관 손상으로 이어지지 않았는지를 상시 추적해서 인공지능으로 판독하고, 이상이 의심되면 병원에 자동으로 데이터를 전송해서 의사의 판단을 구할 수도 있습니다. 또한 웨어러블 기기로 걸음걸이나 보폭 등을 포착해서 알츠하이머 증세를 조기에 진단하거나, 위험한 발작 증상의 징후를 사전에 포착하려는 연구도 진행되고 있습니다.

웨어러블 기기들은 이처럼 과거에는 진료에 활용할 수 없었던, 일상에서 매우 다양한 데이터들을 수집하여 사전에 위험을 포착하거나, 나중에 병원에서 진단할 때 진료 기초 데이터로 활용할 수 있게 해줍니다.

___SF 영화는 미래에 사람의 몸에서 아픈 부분을 기계로 대체해서 점점 안드로이드화되는 것으로 묘사하는데, 현실에서는 이렇게 진행되고 있군요. 그래도 의사와 병원을 이런 시스템이 완전히 대체하는 것은 무리겠죠?

그렇습니다. 웨어러블 기기나 인공지능 기반 자동판독 소프트웨어 등은 어디까지나 개연적인 답을 낼 수 있을 뿐 확정적 진단을 할 수는 없습니다. 오류위험이 높기 때문입니다.

현재의 인공지능이 대량 데이터를 통해 패턴 암기식으로 발전해왔다는 근본적인 한계상, 오류 가능성은 감소할 수는 있어도 무시할 수 있는 수준까지 줄어들기는 힘듭니다. 따라서 어디까지나 의사를 보조하는 역할에 한정되어야 합니다. 기본적으로 웨어러블 기기 등은 의료기기보다는 의료 보조기기로 보고 있습니다. 최근 의료 관련 스타트업의 상당수는 전문적 의료기기보다는 의료 보조기기를 다루고 있습니다.

의료의 외연이 확장되는 것은 좋습니다. 하지만 외연 확장에만 의존해서 마치 ICT 기반 의료 보조기기가 있으면 병원에 안 가도 된다는 식으로 너무 과신하면 심각한 부작용이 생깁니다. 병원에서만 할 수 있는 일은 어디서부터 어디까지고, ICT 기반 의료 보조기기가 할 수 있는 일은 어디서부터 어디까지인지 역할을 명확하게 나눌 필요가 있습니다.

8장

스마트 제조 & 물류

스마트해지는 목적은 무엇인가?

___스마트팩토리는 어떤 면에서는 4차 산업혁명이라는 주제의 가장 핵심적인 분야라고 할 수 있을 듯합니다. 기본적으로 생산혁명이라면 그 출발은 공장에서 시작될 테니까요. 그래서인지 스마트팩토리는 오히려 특징적인 면을 잡기가 가장 어렵기도 합니다. 스마트팩토리는 어떤 목적으로 생긴 것인가요?

스마트팩토리로 가장 유명한 것이 아디다스가 독일에 세운 스피드팩토리입니다. 로봇을 대규모로 활용한 것으로 유명하지만, 엄청나게 다양한 종류의 신발을 하나의 공장에서 만들 수 있는 것으로도 유명합니다. 게다가 사전제작이 아니라 소비자의 주문에 맞추어 제작됩니다.

신발끈을 어떻게 할지, 깔창을 어떻게 할지, 뒤축은 어떻게 할지, 색깔은 어떻게 할지 등을 소비자가 미리 선택해서 주문할 수 있으며, 이러한 주문에 맞추어 신발을 생산합니다. 단순히 굉장히 많은 종류의 신발을 미리 공장에서 만들어 재고로 쌓아두고 기다리는 것이 아니라, 생산공장이 최종 판매 단계에서 오는 주문에 그때그때 반응을 합니다.

즉, 소비시장의 다양한 수요변화에 맞추어 신속하고 유연하게 생산의 변화를 가져오는 것이 아디다스 스피드팩토리의 핵심적인 목적입니다.

유연생산방식과 스마트팩토리

___공장 이야기가 나오면, 역시 전설의 포드 모델 T 공장 이야기를 안 할 수 없겠지요. 생산비용을 절감하기 위해서 어떤 선택권도 없는 단일 모델을 만들었고, 하다못해 색깔도 검정색으로 통일했다는 이야기는 너무 유명하지요.

이후 자동차 업계의 트렌드는 다양한 소비자들의 요구를 처리하는 것으로 바뀌었고, 시장 변화에 적응하지 못한 포드는 GM에 1위 자리를 내주기도 했습니다. 그 이후로 자동차 생산공장에서는 어떻게 하면 소비자들의 다양한 요구를 생산라인에서 반영할 수 있느냐는 것으로 초점이 이동했습니다. 유연생산방식Flexible Manufacturing System이라는 말도 유행하고 있고요.

스마트팩토리의 모습. 독일 지멘스사의 암베르그 공장

최근 자동차 업계의 생산방식은 단일 조립라인에서 서로 다른 차종을 생산할 정도로 유연화되고 있습니다. 우리나라 르노삼성의 부산공장에서는 무려 5개 차종을 혼류 생산하기도 하지요. 최근의 스마트팩토리 개념은 이런 유연생산방식의 진화라고 봐도 되겠지요?

그렇습니다. 사실 유연생산방식의 개념은 새로운 것이 아닙니다. 헨리 포드의 모델 T와 같은 표준화된 대량생산체제가 확산되기 시작할 때부터 이미 규격화된 생산에 대한 소비자들의 불만이 있었고, 좀 더 다양한 상품에 대한 니즈는 존재했거든요.

다품종 생산은 근본적으로 대량생산이 어려운 측면이 있습니다. 그래서 소품종의 획일적인 제품을 생산함에도, 헨리 포드 스타일의 대량생산방식이 세계적으로 확산된 것이고요. 하지만 기술이 발달하면서 생산효율성을 크게 희생하지 않으면서도 다품종 생산이 점차 가능해졌습니다. 원래부터 있던 다품종 생산의 니즈를 기술발전의 결과로 충족할 수 있게 된 것입니다.

IT 기술을 활용하여 다품종 소량생산을 시도한 것은 현재의 스마트팩토리가 처음은 아닙니다. 과거 3차 산업혁명 시대인 1970년대 중후반 이후부터 이미 유연생산방식이 도입되어 다품종 소량생산이 시도되었습니다.

___공장 시스템이 가장 극적으로 나타나는 분야가 자동차 업계이다 보니, 주로 언급하게 되는데요. 생산의 유연화를 추구하려는 노력은 1980년대 도요타 생산방식에서도 많이 나타납니다. 특히 JITJust In Time나 유연생산방식 등은 이미 역사가 꽤 오래되었습니다.

그렇다면 4차 산업혁명 시기의 스마트팩토리는 예전부터 시작된 유연생산방식과 어떤 면에서 차별화되나요?

1980년대의 유연생산방식은 생산라인의 기계장비를 컴퓨터로 통제하는 것이 특징입니다. 당시 급속히 확산되기 시작한 마이크로프로세서 칩이 공장 설비에도 대대적으로 적용되었지요.

과거의 생산기계들은 특정한 목적에 특화되어 다양한 생산에 적응하기 힘들었던 반면, 마이크로프로세서가 탑재된 생산기계들은 생산방식을 미리 프로그래밍할 수 있었기 때문에, 생산기계를 바꾸거나 라인을 통째로 뜯어고치지 않고도 기계에 탑재된 프로그램을 바꾸는 것으로 새로운 제품의 생산에 대응할 수 있었습니다.

하지만 어디까지나 사전에 기계 작동의 디테일한 부분까지 모두 프로그래밍하면 거기에 따라 작동하는 것에 불과했고, 그때그때 상황의 변화에 따라 실시간으로 피드백에 반응하는 것은 쉽지 않았다는 것이 한계였습니다. 각각의 컴퓨터화된 생산설비들이 서로 고립되어 미리 프로그램된 대로만 작동되었기 때문이지요.

그러나 최근에는 사물인터넷 기술이 발달하면서 생산설비들이 서로 고립되어 작동되는 것이 아니라, 기계들끼리 서로 통신하며 생산현장의 상황 변화에 따라 능동적으로 피드백을 주고받으며 스스로 작동에 변화를 주는 식으로 쌍방향 소통이 가능해졌습니다. 즉, 과거에는 '사전 공정기획 단계→생산의 일방적 프로세스'였는데, 이제는 서로 쌍방향으로 주고받는 프로세스가 된 것입니다.

사물인터넷과 스마트팩토리

___다시 사물인터넷 개념이 나오는데요. 공장에서도 사물인터넷이 연결되고, 여기에서 생성되는 엄청난 데이터를 활용해서 생산성과 유연성을 높이려는 노력이야말로 스마트팩토리의 핵심이라고 봐도 될까요?

그렇습니다. 기존의 공장에서는 생산현장의 가장 밑단에서 벌어지는 상황에 대한 정보를 위로 전달하려면 사람이 직접 관찰하고 보고해야 했습니다. 그런데 스마트팩토리에는 생산라인의 모든 기계에 센서가 장착되어 있기 때문에, 각 기계들이 생산현장의 정보들을 자동으로 수집하여 공장 전체를 관할하는 시스템으로 자동으로 전달하게 됩니다.

이처럼 수많은 기계들이 공장 내 사물인터넷 네트워크를 통해서 실시간으로 전달하는 데이터량은 굉장히 방대한데, 이러한 데이터는 그냥 쌓아두는 것이 아니라 빅데이터 분석을 통해서 공정 최적화에 활용됩니다.

그런데 각 기계에서 실시간으로 생산되는 데이터의 양이 워낙 많아서 개별 공장 차원에서 처리하기가 결코 만만치 않습니다. 따라서 대량의 빅데이터를 처리하기 위해 인공지능 기술이 적용되며, 크라우드 시스템을 통해서 공장 외부에서 데이터를 처리하고 분석하기도 합니다.

빅데이터 분석을 통해서 불량이 발생하기 전에 미리 징후를 찾아내어 대응할 수도 있고, 고장이 발생할 수 있는 과부하 상태의 생산설비를 찾아내거나 수명주기가 다한 부품을 자동으로 찾아내어 교체할 수도 있습니다. 또한 생산라인에 병목현상이 생겨 생산이 지연되면, 그 원인을 정확히 찾아내고 병목을 해소하기 위해 생산속도를 조정하여 효율을 증가시킬 수도 있지요.

3D 프린터의 가능성과 한계

___스마트팩토리는 사물인터넷과 빅데이터, 인공지능까지 동원되지만, 결국은 기존 생산라인의 진화 정도가 아닐까요? 만약 이런 개념이 좀 더 극단

적으로 추구된다면 그 끝에는 3D 프린터가 있을 것 같습니다. 무엇보다 대규모 공장이 필요 없으며 어떤 물건이든 생산할 수 있는 최고의 유연성까지 함께 확보할 수 있지 않을까요?

3D 프린터로 모든 것을 만들 수 있다면 스마트팩토리조차 필요 없게 되겠지요. 그냥 집에서 모든 것을 만들 수 있을 테니까요. 그러나 이러한 극단적인 시나리오는 미래에도 실현될 가능성이 매우 희박하다고 봅니다.

3D 프린터는 극도로 유연성이 높다는 장점 외에 단점도 만만치 않습니다. 단 한 개의 제품만을 만든다면 금형 제작단계 등을 건너뛰기에 일반적인 생산방식보다 훨씬 빠르고 효율적이지만, 그 후에 생산량이 계속 늘어나면 기존의 대량생산방식이 더 빠르고 효율적입니다.

3D 프린터는 매우 얇은 층을 한층 한층 쌓아올리는 식으로 제품을 만드는데, 미세분말 형태의 재료가 굳기까지 기다려야 하며, 프린팅이 끝났다고 완성되는 것이 아니라 매끄럽지 못한 표면을 다듬는 후가공 작업이 필요합니다. 이 작업은 수작업이 필요한 경우가 많지요.

또한 매우 얇은 층을 쌓아올리는 제작방식은 강점이자 약점입니다. '결'이 층층이 생기기 때문에, '결'과 직각 방향으로 가해지는 힘에는 강해도, 나란한 방향으로 가해지는 힘에는 약합니다. 따라서 전통적인 사출성형 방식으로 금형을 써서 제작하는 것과 비교할 때, 매우 복잡한 제품을 한번에 찍어낼 수 있다는 장점이 있는 반면에 강도가 떨어집니다.

3D 프린터의 제조과정

일반적인 2D 프린터도 소량의 문서를 인쇄할 때는 빠르지만, 대량의 문서를 인쇄하려면 결국 인쇄소에 맡기는 것이 더 빠르고 품질도 좋습니다. 마찬가지로 3D 프린터도 소량의 부품을 맞춤형으로 제작하는 데는 효율적이지만 대량생산에는 약점이 있습니다. 실제 생산현장에서 3D 프린터는 매우 복잡한 형태를 지닌 소량의 고부가가치 부품을 맞춤식으로 제작하는 경우가 많습니다.

생산성과 유연성의 사이에서

___저도 3D 프린터에 관한 낙관적인 이야기를 들을 때마다 드는 의문이 있긴 했습니다. 2D 프린터가 이렇게까지 진화해서 엄청나게 보급되었는데도

여전히 전문 출판물은 인쇄소에서 나오는데, 과연 3D 프린터가 기존 공장 시스템을 대체할 수 있을까 싶었거든요.

여기서 아디다스의 스피드팩토리를 다시 생각하게 됩니다. 독일의 아디다스 스피드팩토리는 사실 기존의 전통적 생산라인을 갖춘 공장에 비해 오히려 생산성이 떨어져서 고가 프리미엄 제품 생산에 특화되었다고 합니다. 결국 스마트팩토리를 통해서 생산의 유연성을 확보한다는 말이, 반드시 생산성까지 확보된다는 말은 아니라고 이해해도 될까요?

아디다스 스피드팩토리가 로봇을 대량으로 도입한 이유가 인건비 절감 때문이라고만은 볼 수 없습니다. 수량적인 생산효율면에서는 컨베이어 벨트로 대표되는 단선적인 생산라인에서 인간과 기계가 함께 규격화된 신발을 생산하는 기존 생산방식이 오히려 나을 수 있습니다. 게다가 로봇으로 인간을 대체할 수 있다고 하더라도, 비싼 비용도 문제가 되며, 로봇을 통제하고 유지보수할 인력도 추가로 필요합니다.

그럼에도 불구하고 로봇은 기존 자동화 생산기계에 비해 좀 더 다양한 상황에 대처할 수 있다는 장점이 있습니다. 즉, 자동화 생산기계가 구태여 인간과 닮은 모습일 필요가 없음에도 불구하고 로봇의 형태를 취한 것은, 인간과 비슷하게 좀 더 유연한 작업을 가능하게 만들기 위해서라는 것입니다.

로봇을 사용하는 이유가 단지 자동화를 기존보다 더욱 끌어올리기 위해서일 수도 있습니다. 하지만 아디다스 스피드팩토리는 기존 컨베이어 시스템의 한계를 뛰어넘는 유연성을 확보하기 위해 사용했고, 대량생산품이 아니라 맞춤형 고가 프리미엄 제품 생산에 특화했습니다.

스마트팩토리에도 매우 다양한 스펙트럼이 있고, 상대적으로 생산효율성의 증대를 목적으로 하는 경우가 있는 반면, 아디다스 스피드팩토리처럼 생산 유연성의 극대화에 중점을 둔 경우도 있습니다.

스마트팩토리를 기획하면서 생산효율을 최대한 극대화하면서 효율성을 크게 떨어뜨리지 않는 범위에서 유연성을 제한적으로 확대하는 점진적 전략을 쓸 수도 있고, 한편 맞춤형 생산 중심의 아디다스 스피드팩토리나 극단적으로는 3D 프린터만으로 돌아가는 공방 형태의 공장처럼 생산효율성 증대보다는 극도의 제품 커스터마이제이션 Customization, 고객의 특정한 주문에 맞추어 제작에 집중하는 방향도 가능할 것입니다.

따라서 스마트팩토리의 경우 상대적으로 유연성을 중시하느냐, 생산효율성을 중시하느냐에 따라 다양한 스펙트럼이 공존하게 될 것입니다.

스마트팩토리에서 노동자는 사라지는가?

___스마트팩토리, 미래의 공장을 이야기할 때 쉽게 빠지는 도그마가 바로 무인공장이 아닐까 싶습니다. 로봇으로 완전히 대체되어 공장 근로자가 거의 쫓겨나는 이미지를 주로 그리게 되는데요.

산업용 로봇이 오랫동안 발전하면서도 여전히 무인공장은 극소수에 불과하고, 로봇 시스템을 고도화한 공장에서도 여전히 인간 노동력은 중요하게 쓰이고 있다는 점이 인상 깊습니다. 또한 최근에는 생산 병목으로 엄청 고통받고 있는 테슬라에 대해서도 과도한 무인화의 부작용 때문이라는 분석도 나오고 있습니다.

결국 스마트팩토리의 궁극적인 목적이 수량적인 생산성의 극대화보다는 유연성의 확보라면, 인간 노동력도 꽤 필요해 보입니다. 무인공장이 기존 생산라인을 전부 대체할 것이라는 생각은 일자리 측면에서 매우 공포스러운 이야기인데, 이런 걱정은 아무래도 좀 섣부른 것이겠지요?

수량적 생산성의 극대화라는 측면에서만 보면, 스마트팩토리로 대표되는 현재의 제조기술 혁신에서 기술진보의 속도는 과거 헨리 포드 시절에 비하면 훨씬 더딥니다. 노동절약적 기술진보의 속도는 과거 2차 산업혁명 시대에 가장 빨랐고, 지금은 오히려 수량적인 노동생산성의 증가가 과거 1960~70년대보다 많이 둔화된 상태입니다.

헨리 포드 시절에 컨베이어 벨트와 대량생산시스템의 도입이 인간의 일자리를 전부 빼앗을 거라는 걱정이 지나친 것이었다면, 현재 로봇이 인간의 일자리를 모두 빼앗을 거라는 걱정 역시 지나친 것일 수 있습니다. 제조업 혁신의 방향은 단순한 수량적 생산효율 증대가 아니라 유연성 증대와 같은 질적인 향상에 초점을 더욱 맞추고 있습니다. 따라서 자동화를 통해 제조업의 고용이 감소되지 않을 것이라고는 말하지 못해도, 과거보다 그 추세가 더욱 가속화될 것이라고 단정할 수는 없을 듯합니다.

스마트 물류와 공급망 관리

___1990년대 후반기에 애플은 정말 망해가는 회사의 전형이었습니다. 매년 판매는 줄어들고 적자가 커졌는데, 소비자 입장에서 애플은 이해할 수 없는 회사였습니다. 매년 판매량이 줄어 걱정이라면서 정작 상점에 가면 원하는 물건이 없었습니다. 신제품이 나왔다는 뉴스가 나왔는데도 몇 달 동안 생산이 안 되는 식이었죠. 매번 부품 수급이 문제가 되어 전체적으로 생산이 지연되고 있다는 뉴스가 단골로 나왔습니다.

그런데 지금 애플은 매년 2억 대 이상의 아이폰을 공급하는 세계 최고의 전자회사가 되었습니다. 엄청난 생산물량을 안정적으로 공급할 수 있는 회사가 된 것이죠. 구매담당 이사였던 팀 쿡의 영향이 절대적이라고 알고 있습니다. 그는 애플이 가장 못하던 분야를 가장 잘하는 분야로 바꾼 사람이었고, 스티브 잡스의 뒤를 이어 애플의 후계자가 되었습니다.

결국 공장은 원재료를 모아서 생산해낼 수 있어야 하는데, 현대의 하이테크 상품들은 생산을 위한 준비가 매우 복잡해지고 어려워졌습니다. 이렇게 생산을 관리하는 것이 바로 '공급망 관리'일 텐데요. 최근 스마트팩토리와 관련하여 공급망 관리는 어떤 변화를 보이고 있나요?

애플의 사례처럼, 제품의 복잡화와 더불어 아웃소싱 확대 및 세계화와 맞물려 기업의 생산은 점점 더 방대한 외부 공급망에 의존하게 되었습니다. 애플도 미국, 유럽, 아시아 등 전 세계에 700개가 넘는 협력업체가 흩어져 있다고 합니다.

공급망이 이처럼 방대한 것만도 문제인데, 여기에 더해서 소비시장에서 나타나는 변덕스러운 수요변화에 대응하여 생산을 유연하게 조정해야 합니다. 따라서 이 방대한 외부 공급망을 통한 구매와 조달 역시 자체 생산과 마찬가지로 유연하게 조정되어야 합니다. 엎친 데 덮친 격으로, 소비자는 상품을 더 빠르게 배송해줄 것까지 기대하고 있는 상황입니다. 그러니 현대의 제조기업들은 방대하고 복잡한 공급망, 수시로 변하는 제품 수요, 신속한 배송 요구라는 삼중고에 시달리게 됩니다.

앞서 말한 스마트팩토리도 이러한 물류 측면의 도전에 성공적으로 대응해야만 가능해지는 것이지요. 공급망 관리는 이러한 복잡한 네트워크의 최적화를 실시간으로 수행할 수 있어야 하며, 이를 위해서는 공장 내부에서 수집되는 데이터뿐만 아니라 공장과 연결된 공급망 전체에 걸쳐 생산되는 데이터를 수집하여 인공지능을 통해 분석하고 공급망 최적화에 활용하게 됩니다.

___현대 생산과정의 삼중고를 살펴보았는데, 하나씩 풀어서 생각해보겠습니다. 애플 이야기로 시작했으니 계속 예를 들어보면, 매년 아이폰의 신상품이 나오는데 수요곡선이 극적으로 변합니다.

신상품이 발표되는 달에 수요가 엄청나게 집중됩니다. 따라서 신상품이 발표되는 분기에는 공장을 있는 대로 가동해야 하니 부품 수급도 집중되고 생산라인도 풀로 돌아갈 것입니다. 그런데 이후부터는 수요가 뚝 떨어지는 패턴을 보입니다.

결국 애플로서는 이러한 매우 탄력적인 수요를 공급 차원에서도 관리해야 하는 문제가 생깁니다. 애플을 예로 들었지만 삼성전자나 LG전자도 똑같은 딜레마를 안고 있습니다. 거의 대부분의 기업들은 똑같이 어려움을 겪고 있겠지요?

그렇습니다. 그래도 수요가 특정 시즌에 예측 가능하게 몰리면 괜찮은데, 요즘은 수요의 피크가 예측 불가능하게 좀 더 불규칙한 패턴으로 나타나기도 합니다. 출시일이 피크라고는 하지만, 세계화로 인해 각 지역별로 피크 기간이 달라지기도 하고, 모델별로 다른 때에 수요 피크가 나타나기도 합니다. 어떤 경우에는 특정 모델이 특정 지역에서 유독 많이 팔려서 품절되기도 하고, 반대로 특정 모델이 예측보다 너무 안 팔려 재고 처리에 골머리를 앓기도 하지요.

따라서 재고 보관에 과도하게 비용을 쓰지 않으면서도 해결하려면 생산이 유연하게 변화해야 합니다. 결국 생산에 필요한 자재나 부품의 조달도 유연해져야 합니다.

데이터 기반 공급망 최적화

___생산의 유연화는 대량생산 공장이 만들어진 이후 계속 있어온 문제가 아닐까 싶습니다. 물론 최근에는 이런 문제가 좀 더 어렵고 복잡해졌지만요. 4차 산업혁명의 관점에서 본다면 어떤 점이 전통적인 생산관리와 달라지는 것일까요?

공급망 관리 문제는 예전이나 지금이나 그 기본은 같으며, 이러한 관리의 어려움이 그동안 제품개발의 다양화, 유연화, 신속화를 추구하는 데 제약요인으로 작용했습니다. 그런데 4차 산업혁명 시대에는 사물인터넷, 빅데이터, 인공지능 기술 등을 통해 공급망과 물류체인 전체를 실시간으로 최적화하고 제약 요인을 극복하려고 한다는 것이 중요합니다.

예를 들어 특정 모델의 제품 수요가 특정 지역에서 갑자기 늘어났다면, 이러한 데이터가 소매점으로부터 제조공장으로 곧바로 인터넷망을 통하여 전송됩니다.

스마트팩토리에서는 이러한 데이터에 반응하여 곧바로 해당 모델의 생산을 늘리게 됩니다. 그 모델의 생산에 필요한 부품의 수요가 갑자기 늘어나게 되고 공장의 재고가 빠르게 소진되겠지요. 그러면 부품 재고가 소진될 때까지 기다리는 것이 아니라, 최초에 소매점으로부터 공장에 추가 제작 요청이 들어왔을 때부터 미리 특정 제품을 추가 생산하니 관련 부품이 부족해질 것이라고 예측하고, 공장의 통합관리 시스템에서 그 부품들을 실제 생산에 들어가기도 전에 미리 자동으로 주문을 보냅니다.

이때 협력업체별로 현재 상황, 자체 보유 재고나 여유 생산능력을 감안하여 각각 주문할 부품 종류 및 수량을 자동으로 최적화해서 주문을 냅니다. 주문은 인터넷망을 통해 수많은 협력업체에 전송되고, 협력업체는 이에 맞추어 부품을 생산해서 조립업체의 공장에 전달하는 것이지요. 그러면 그 부품으로 무사히 생산을 마치고 제품을 소매점으로 보내는 것입니다.

이러한 복잡한 과정을 최적화하기 위하여 기존에 공장과 유통망에서 축적된 데이터를 바탕으로 학습된 인공지능 수급 예측 알고리즘이 중요해집니다. 아예 이러한 수급 차원의 변화를 어느 정도 예측하면서 대응에 나서야 하는 것이지요.

RFID와 화물 트래킹

___말만 들어도 어려운 과제구나 싶습니다. 공장으로 원재료를 실어 보내는 문제, 공장에서 이를 제대로 수습해서 생산하는 문제, 생산한 상품을 제대로 배송하는 문제로 요약되고, 이것이 바로 삼중고일텐데요. 결국 해법은 물건을 빠르고 정확하고 저렴하게 이동시키는 문제로 귀결되지 않을까요?

그렇습니다. '원자재 생산에서 중간재 생산, 최종 완성품 생산에서 도소매 점포를 거쳐 소비자에게 인도'까지 이르는 공급망 전체를 아무리 최적화한다고 해도, 이 계획에 맞추어 실제로 물건이 제때 정확하게 전달되지 않으면 아무 소용이 없습니다. 그래서 물건이 계획대로 이동하고 있는지를 트래킹하는 것이 중요합니다.

과거 대량생산 시대에는 개별 아이템별로 트래킹할 필요가 없고, 대량의 화물 묶음에 대해서만 트래킹하면 되었습니다. 그런데 지금 같은 유연한 다품종 생산 시대에는 더 이상 그럴 수 없다는 것이 문제입니다. 게다가 상품 이동정보가 굉장히 빠른 주기로 업데이트되어야 하므로 담당자가 수기로 입력하는 것으로는 도저히 대응할 수 없게 되었지요.

그래서 화물의 작은 묶음 단위로 센서를 부착하고, 이 센서에서 자동으로 정보를 송신하고, 사물인터넷망을 통해 이 정보를 자동으로 수집 및 공유하려는 시도가 나타나게 된 것입니다.

예를 들어 화물을 트럭에 싣고 달리면 어떤 화물인지, 현재 어느 위치에서 달리고 있는지, GPS 정보를 무선 인터넷망을 통해서 실시간으로 전송하며, 실시간으로 배송추적을 하고 위치정보 를 업데이트하는 것이지요.

___화물은 매우 다양하여 큰 물건도 있고 작은 물건이 있는가 하면, 어떤 물건은 수백 수천 개씩 묶음으로 처리할 수도 있고, 어떤 물건은 하나하나 따로 떼어 관리해야 할 수도 있습니다.

이런 점을 생각해보면, 관리를 탄탄히 하기 위해서는 물건 하나하나를 전부 태깅해야 하는 문제가 생기지 않을까요? 그러면 복잡성이 엄청나게 커질 것 같은데요.

그렇습니다. 화물 및 물류망의 다양화, 유연화에 대응한다는 차원에서 보면, 센서를 부착하여 태깅하는 단위가 작아질수록 유리합니다. 극단적으로는 개별 제품 하나하나에 전부 센서를 붙이는 것이 가장 좋겠지요. 그러나 센서 구입 비용이 급증하며 데이터의 송수신을 위한 통신비용 부담도 증가합니다.

과거에는 큰 묶음 단위로만 트래킹을 할 수 있었는데, 요즘은 RFIDRadio Frequency IDentification, 전자태그 등 저가의 센서 및 사물인터넷 전용의 저용량 저가 무선 네트워크의 보급으로 인해 이러한 문제가 상당 부분 해결됩니다.

이런 점에서 RFID는 혁명을 가져올 것으로 기대됩니다. 기본적으로 바코드와 비슷한 기능을 하지만, 바코드처럼 직접 인식기를 들이댈 필요가 없으며 몇 미터 이상, 최대 100미터까지도 인식이 가능합니다.

UHF 라디오 전파에 반응하는 작은 태그이고 교통카드 비슷하게 작은 칩이 들어 있는데, 교통카드와 달리 직접 접촉할 필요가 없습니다. 가격은 처음에는 몇백 원 정도였는데, 이제는 저가형은 100원대 정도까지 내렸고 그 이하로 가격을 낮추려고 시도하고 있습니다.

물론 바코드 스티커만큼 싸지는 않기에 모든 개별 상품 아이템별로 붙이기는 어렵고, 인식오류 문제 등 보급의 장애요인도 있습니다.

한편, 데이터를 무선으로 전송하는 단말이 엄청나게 많아지면 통신비가 부담되는데, 사물인터넷의 경우에는 일반 무선인터넷에 비해서 전송속도를 줄인 대신에 통신요금을 훨씬 저렴하게 만든 저가형 사물인터넷 전용 무선통신 규격이 보급되고 있습니다.

사물인터넷 기기는 접속 단말 수가 굉장히 많은 대신, 개별 단말별로 사용하는 데이터 용량은 대단히 작은 경우가 많기 때문입니다. 통신사들은 저가형 사물인터넷의 무선통신에 적극적으로 뛰어들고 있습니다. 한마디로 저가의 저용량 요금제를 박리다매로 판매하겠다는 것입니다.

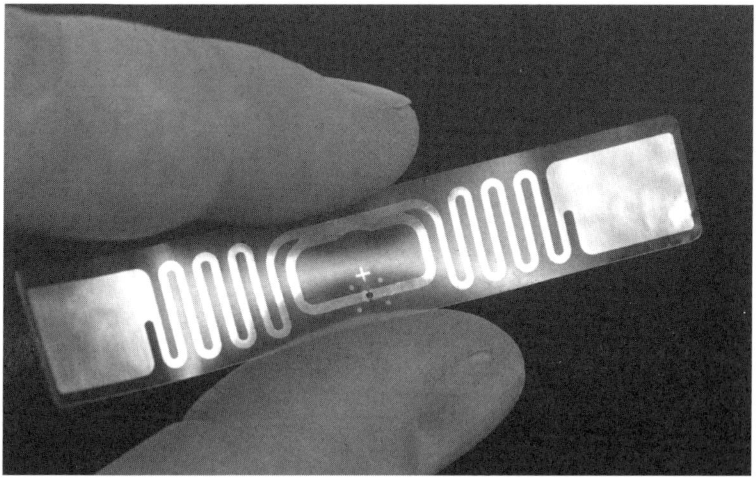

RFID 태그의 모습

콜드체인 관리

___규격화된 박스에 포장할 수 있는 공산품 같은 경우는 그래도 꽤 효율화 되었지만, 운송이 매우 어려운 경우도 생각해볼 수 있을 듯합니다. 바로 신선식품 같은 경우입니다. 이런 물건은 속도나 정확성뿐만 아니라 운송과정의 관리도 중요하니까요. 식품류 중에는 '콜드체인'이라고 냉장 상태를 계속 유지하고 있다는 점을 집중적으로 홍보하는 상품들도 많습니다. 이런 상품에도 RFID를 비롯한 신기술이 크게 도움이 되겠지요?

RFID는 바코드의 연장선상에서 어떤 상품인지를 식별하는 기능 이상을 하기는 어렵습니다. 그러니 콜드체인을 관리하기 위해서는 센서가 더 복잡해지고 온도 및 습도 측정 기능도 있어야 합니다. 또한 제품과 가까운 위치에 부착되어 있어야 하며, 온도와 습도를 언제나 실시간으로 지속적으로 측정해야 합니다. 의약품이나 식품은 배송 중에 전체적으로는 맞추었더라도, 몇 시간 동안 목표 온도에서 벗어나면 그 사이에 상할 수도 있으니까요. 그래서 콜드체인이 참 어려운 것입니다.

콜드체인에는 신뢰의 문제도 작용합니다. 화물을 운반하는 책임자가 여럿이므로 최종 소비단계에서 문제가 발견되었다면, 긴 물류단계의 어느 단계에서 문제가 발생했으며, 누구의 책임이냐를 가려내기가 쉽지 않지요.

그래서 콜드체인 관리에서 블록체인을 활용하려는 시도가 많이 있습니다. 신선제품이 여러 단계를 거쳐서 이동할 때 그동안 온도가 어떻게 관리되었는지, 블록에 일정 간격으로 계속 제품별 온도가 기록되고, 최종 소비지로 배송이 완료될 때까지 블록이 계속 추가됩니다. 사후 기록 변조가 어려운 블록체인의 특성상, 최종 수령자는 앞의 모든 단계에서 제품의 온도 관리에 문제가 없었는지 확인할 수 있게 됩니다.

___블록체인이 여기에서 또 등장하는군요. 코인 투자보다는 훨씬 생산적인 것 같습니다. 생산품목은 소품종 대량생산에서 다품종 소량생산이 되어가고, 시장 범위도 글로벌화되어 전 세계를 대상으로 원재료를 수급하고 상품을 배송해야 하는 시대가 되었습니다. 그러다 보니 물류가 기업의 핵심 경쟁력으로 더욱 부각되고, 이를 위해 가용 가능한 모든 기술적 아이디어가 총동

원되고 있습니다. 결국 제조와 물류가 같이 묶여서 '스마트한 공급'을 만드는 것 같습니다.

덧붙이자면, 스마트한 공급은 물리적인 제품이나 원재료만 움직이면 되는 것이 아니고, 공급체인상의 위아래 쌍방향으로 끊임없이 방대한 양의 데이터가 전달되어야 합니다. 결국 스마트한 물류도 데이터 처리가 생명입니다. 4차 산업혁명 시대의 '스마트함'이란 결국 스마트한 데이터 처리가 뒷받침되어야 가능한 것입니다.

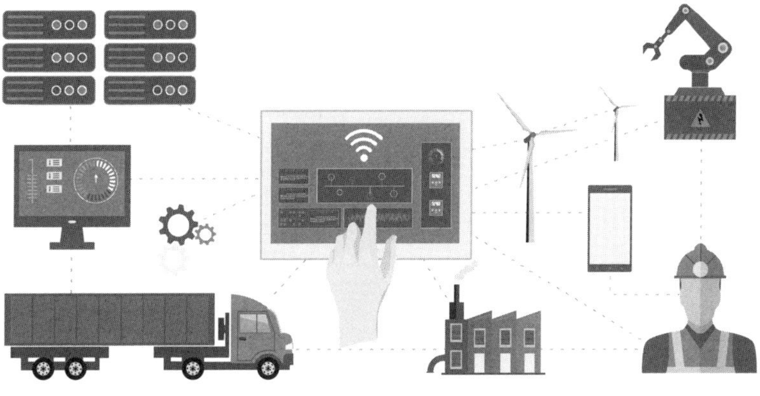

9장

공유경제와 O2O

기존 서비스업을 대체하는가, 보완하는가?

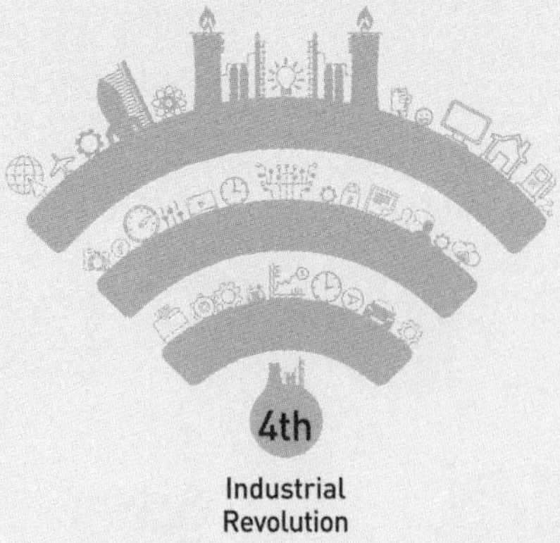

공유경제란 무엇인가?

___공유경제Sharing Economy는 말뜻 그대로 풀어본다면, 무언가 사적인 소유물을 사회적으로 공유해서 가치를 높인다는 의미로 이해할 수 있을 것 같습니다. 특히 공유경제가 각광받는 것은 우버와 에어비앤비라는 스타트업의 초대박 성공 때문이 아닌가 싶습니다. 일단 공유경제가 어떤 의미인지부터 정의하면 어떨까요?

공유경제의 원칙적인 개념은 각자 자신이 소유하고 있는 유휴자원들을 놀리지 않고 공유함으로써 활용도를 극대화한다는 것입니다. 보통 자가용은 다섯 명까지 탈 수 있는데, 대부분 운전자 한 명만 탄

채 운행하지 않습니까? 이것은 상당한 자원의 낭비이지요. 그러니 공유경제의 가장 전통적 사례 중 하나가 바로 카풀입니다. 같은 방향으로 가는 사람들끼리 모여서 함께 타고 가는 것이지요. 비슷하게 지인들끼리 공동으로 콘도나 별장을 일정기간 동안 빌린 다음, 휴가철에 서로 돌아가면서 사용하는 예도 있지요.

예전에는 서로 아는 사람들끼리 좁은 범위에서만 공유가 이루어졌는데, 이제는 기술발달로 인하여 훨씬 더 광범위한 범위에서 체계적으로 유휴자산이 공유되고 있습니다.

___공유경제가 왜 4차 산업혁명의 총아로 떠오르고 있는지 좀 의아합니다. 차량 공유 서비스인 우버는 그냥 지입제 택시로 볼 수도 있고, 아니면 개인택시라고 봐도 될 듯합니다. 자기 차로 운송 서비스를 한다는 점에서는 개인택시와 다를 바 없어 보입니다. 유일한 차이라면 택시 라이선스가 있고 없고 아닌가요?

또한 주택 공유 서비스인 에어비앤비도 마찬가지입니다. 이것도 민박 주선업을 글로벌 단위로 키운 것 아닐까요? 그런데 에어비앤비는 어떻게 세계적인 기업으로 주목받게 되었을까요?

우버는 아직 상장되지 않았지만, 골드만삭스와 모건스탠리가 가치평가 제안서에서 기업가치를 무려 1,200억 달러로 책정했습니다. 이는 미국의 빅3 자동차 회사의 시가총액을 모두 합친 것보다 더 큽니다. 비즈니스 모델로만 본다면 전혀 새로울 것이 없지 않나요?

우버와 에어비앤비 등은 처음에는 수익을 얻을 목적이 아니라 자

우버가 상장된 첫날 뉴욕증권거래소의 모습

신이 사용하기 위해 보유한 자산을 타인에게 대여하는 개념으로 시작했습니다. 과거에는 내가 가진 유휴자산을 필요로 하는 사람과 쉽게 매칭하기 어려웠습니다.

그러나 정보기술이 발달하면서 전 세계에 걸쳐 유휴자산을 대여하려는 사람과 그것을 사용하려는 사람을 쉽게 이어줄 수 있게 되었습니다. 여기까지만 살펴보아도 분명히 우버나 에어비앤비는 기존의 운수업이나 숙박업과 차이가 있습니다. 왜냐하면 기존의 운수업이나 숙박업은 차량이나 펜션과 같은 자산을 자기가 사용할 목적이 아니라 전적으로 상업적 목적으로 보유하기 때문입니다.

공유경제 서비스가 폭발적으로 확장되고 시장규모가 커지자, 우버나 에어비앤비를 통해 수익을 올릴 목적으로 차량이나 집과 같은 자산을 보유하는 사람들이 늘어났습니다. 이에 따라 기존의 운수업이나 숙박업과 경계가 모호해졌습니다.

하지만 공유경제 서비스는 전통적 서비스 비즈니스와 달리, 수요와 공급을 연결하는 과정에서 모바일 인터넷이나 인공지능 등 최신 IT 기술을 활용하여 매칭 과정을 매우 효율적으로 수행해줍니다. 과거에 비해서 훨씬 다양한 범위의 공급자와 수요자가 매칭될 수 있습니다. 그 결과 기존에는 공급자가 될 수 없었던 사람들까지 대거 시장에 들어옴으로써 서비스 공급자의 다양성과 이질성이 굉장히 높아지게 되지요.

공유경제는 기존 서비스를 대체하는가?

___공유경제의 핵심은 공유보다는 오히려 '연결'에 있다는 말씀이네요. 특히 그 연결이 인터넷 네트워크와 만나서 전 세계적으로 펼쳐진다는 것도 주목할 점이겠고요.

우리나라는 지금 우버 서비스가 없지만, 유사한 서비스로는 대리기사 서비스 네트워크가 있습니다. 대리기사 회사를 공유경제라고 부르기는 좀 어렵지만, 그래도 '연결'을 주업으로 하는 것은 동일합니다. 우리나라의 대리기사 서비스는 폭발적으로 증가해 왔습니다. 우리나라의 택시는 25만대 수준인데, 대리기사는 무려 20만 명이 뛰고 있다고 합니다.

공유경제라는 이름의 '연결 서비스'로 인해 과잉공급이 문제가 되지 않을까요?

공유경제의 핵심이 공유가 아니라 연결에 있다는 말씀에 동의합니다. 공유경제라고 불리는 많은 서비스들은 이미 공유라기보다는 렌탈Rental에 가까운 형태로 운영되고 있고, 따라서 공유경제보다는 접근경제Access Economy나 온디맨드 경제On-Demand Economy가 더 적절한 개념이라는 주장도 많습니다.

어쨌든 이런 새로운 서비스들은 비록 수요와 공급의 연결과정은 온라인상에서 이루어지지만, 실제로 서비스는 오프라인상에서 제공됩니다. 그래서 이런 서비스들을 넓게 포괄해서 'O2OOnline to Offline 서비스'라고도 합니다.

온라인과 오프라인의 경계를 넘나들게 되니, 기존의 전통적인 오프라인 기반 서비스업과 영역이 많이 겹치게 된다는 문제가 생깁니다. 만약 기존에 없었던 완전히 새로운 서비스를 제공하는 것이라면 기존 오프라인 서비스 업계와 충돌할 일도 없겠지만, 우버는 기존의 택시업과 겹치고, 에어비앤비는 숙박업과 겹칩니다. 온라인 기반 서비스들이 기존의 오프라인 서비스가 못하던 부분을 제공하면서 보완재 역할을 한다면 기존 서비스에 미치는 타격이 크지 않겠지만, 대체재 역할을 한다면 기존 서비스들은 경쟁 심화로 어려움을 겪을 것입니다.

예를 들어 우버 서비스가 비용문제(저소득 소비자가 택시비를 감당하기 힘듦, 지역 문제 택시를 잡기 어려움)로 택시를 탈 수 없었던 사람에게 제공된다면 기존의 택시업계와 경쟁관계가 아닐 것이고, 에어비앤비도 기존의 숙박업이 커버하지 못하는 수요를 대상으로 한다면 역시 대체재가 아니라 전체적인 관광수요를 끌어올리는 역할을 할 것입니다.

그러나 우버가 없었어도 어차피 택시를 탔을 사람, 에어비앤비가 아니었어도 그 지역으로 여행을 갔을 사람들을 더 낮은 가격으로 빼앗아오는 대체효과가 발생하는 경우도 분명히 있을 것입니다.

공유경제와 진입규제

___공유경제에 대해 가장 궁금한 점을 물어보고 싶은데요. 우버를 예로 들어볼게요. 우버는 기존의 택시 서비스와 본질적으로는 거의 같다고 봅니다. 그렇다면 장기적으로 봐서 우버의 수익률은 기존 택시업계의 수익률로 수렴해간다고 추론할 수 있을 것 같습니다.

현재 택시업계, 특히 우리나라의 택시업계는 적자만 안 나면 다행인 수준으로 매우 힘든 상황입니다. 그런데 우버는 천문학적인 기업가치를 인정받고 있습니다. 똑같은 도심지 운송 서비스인데, 택시업계는 영세하며 기업가치를 거의 인정받지 못하고, 우버는 천문학적인 기업가치를 인정받는 이유는 무엇인가요?

택시업계의 경우 정부에서 쿼터제로 전체 택시 번호판 개수를 통제하는 식으로 진입규제가 강력합니다. 새로 택시기사가 되려면 이미 번호판을 과거부터 쭉 보유하고 있던 택시회사에 들어가서 사납금을 내고 일하거나, 기존에 면허를 가진 개인택시 기사에게 번호판을 수천만 원에서 1억 원 정도를 주고 사야 합니다.

우리가 내는 택시요금에는 택시기사의 노동에 대한 인건비나 차량 감가상각비, 유류비뿐만 아니라 번호판 값에 대한 비용도 포함되어 있습니다. 택시 번호판 총량 규제는 마치 사법고시 정원 규제처럼 경제적 지대를 발생시키는 제도이고, 이러한 제도가 처음 생겼을 때 택시 번호판 쿼터를 받았던 업자들은 번호판 가격 상승으로 많은 지대수익을 얻었습니다.

그런데 우버의 경우에는 비싼 번호판 값을 내지 않으며, 택시 회사에 사납금을 내지 않고도 그냥 자기 차만 한 대 있으면 택시기사와 같은 일을 할 수 있습니다. 그래서 우버 요금을 택시요금보다 훨씬 싸게 책정하더라도, 일반 택시에 비해 가격경쟁력이 높고, 우버 기사로 일하겠다고 자원하는 사람들이 계속 생기는 것이지요. 참고로 우리의 개인택시 번호판은 수도권 기준으로 수천만 원에서 비쌀 때는 1억 원에 달하고, 택시회사 사납금은 하루 13만 원 정도입니다(택시 사납금은 2020년부터 폐지될 예정이다).

우버의 경쟁력은 이처럼 기존 산업의 진입장벽으로 인해 발생하는 지대로 인한 고비용에서 자유롭다는 것이고, 전 세계적으로 이러한 가격경쟁력을 바탕으로 시장점유율을 확대할 수 있을 것이라는 기대가 기업가치 상승의 배후에 있다고 볼 수 있습니다.

____결국 우버의 일차적인 경쟁력은 '규제회피'에 있지 않나 싶습니다. 택시와 거의 같은 서비스를 제공하는데, 우버는 택시업계가 받는 규제를 거의 회피하고 있으니 말입니다. 택시회사에서 우버 도입에 굉장히 박탈감을 느끼

는 것이 당연하게 여겨집니다.

택시와 우버가 이렇게 불평등한 대접을 받고 있다면 그 해결책은 두 가지가 가능합니다.

첫째, 기존 택시업계도 각종 규제를 풀어 더욱 경쟁하게 하는 방식이고, 둘째, 우버도 택시와 똑같은 규제를 받게 하는 방식입니다. 둘 중에서는 어떤 방식이 맞다고 생각합니까?

기존의 번호판 허가제를 통한 총량 규제는 일종의 진입장벽입니다. 이건 택시 서비스 비용을 높여 소비자들에게 부담을 줄 뿐만 아니라 번호판이 없는 사람이 새로 택시 일을 시작하려고 할 때 비용을 치러야 하는 문제가 있습니다.

원칙적으로 시장에서 이러한 총량 규제식의 인위적인 장벽은 철폐하는 것이 맞습니다. 하지만 그 과정에서 '번호판의 가격이 폭락하면 개인택시 기사들이 반발을 안 할 수가 없지요. 회사 택시기사로 오랫동안 일하며 고생해서 모은 돈으로 비싼 번호판을 샀으니까요.

택시회사도 번호판을 가지고 회사택시 기사들에게 빌려주고 지대를 받아왔으니 당연히 격렬히 반발하고, 회사택시 기사들은 번호판의 가격 하락으로 인한 손실은 없지만 기사가 되려는 사람이 많아지면 경쟁이 격화될 것을 두려워할 것입니다. 즉, 번호판이라는 지대 철폐의 과정에서 커다란 저항이 발생하고 많은 사회적 갈등비용이 생겨납니다.

그러다 보니 공유경제 서비스 중에서는 기존 오프라인 사업자들만 대상으로 한정해서 이러한 갈등을 피해가려는 경우도 생겼습니다.

국내에서 인기를 끌고 있는 카카오택시의 경우, 우버와 달리 일반인들은 기사가 될 수 없게 막아놓고 철저하게 기존 택시기사들만 참여시키고 있습니다. 기존의 진입장벽을 그대로 유지하면서 서비스를 하기 때문에 기존 오프라인 사업자들로부터 반발이 별로 없었고, 택시를 잡기 힘들었던 지역에서도 온라인으로 쉽게 연결되므로 수요를 늘린다는 측면에서는 기존 택시업계에서 환영을 받았습니다.

기존 산업의 경계와 진입장벽을 유지한 채, 온라인으로 기존 사업자와 소비자를 연결만 해준다는 제한적이고 타협적인 접근법의 한 예입니다. 커다란 갈등을 치르지 않아도 된다는 것은 이점이지만, 대신에 기존의 지대를 없애서 서비스 가격을 대폭 낮추는 것은 어렵습니다.

IT 융합을 통한 전통산업의 혁신

____우버의 일차적인 경쟁력은 규제회피에 있다고 했지만, 규제를 피한다고 해서 서비스가 모두 성공하는 것은 아니겠지요.

우버의 각종 서비스를 보면 놀라운 부분들이 많습니다. 예를 들어 합승에 동의하면 노선에 따라서 합승 승객들을 받아서 가격을 대폭 할인해준다거나, 혼잡시간대와 그렇지 않은 시간대에 따라 가격을 달리 받는다거나, 손님과 기사가 서로를 평가하여 높은 평점을 받은 사람들에게 연결을 더욱 강화해주는 등의 서비스가 있습니다. 우리가 그동안 택시 서비스에서 느꼈던 불만을 획기적으로 해소해주는 요소라고 생각합니다.

우버의 이런 서비스는 기존 택시업계에도 큰 자극이 될 것 같습니다. 우버가 우리나라에 들어오든 아니든 간에, 우버의 플랫폼 혁신은 얼마든지 모방할 수 있으며, 실제로 많은 시도가 이루어지는 것으로 알고 있습니다. 이런 식으로 IT 기업들의 진출로 기존의 전통적인 산업 영역도 부가가치를 크게 올릴 수 있지 않을까요?

IT 기술을 대대적으로 적용함으로써 전통산업의 생산성과 부가가치는 올라갈 수 있습니다. 그러나 공유경제나 O2O 서비스의 경우 IT 기술이 주로 수요와 공급의 매칭 부분에 접목되고 있으며, 실제 서비스가 이루어지는 과정은 여전히 지극히 전통적입니다.

우버도 운전은 기존 택시와 똑같이 사람이 직접 하고, 에어비앤비도 손님이 자고 가면 사람 손으로 침구 정리와 청소를 직접 해야 하는 것은 기존 숙박업이나 마찬가지입니다.

오프라인상에서 물리적으로 이루어지는 서비스까지도 자동화되지 않는다면, 예를 들어 인공지능이 자율주행으로 택시를 운전하거나, 로봇이 직접 방을 청소하고 이불을 수거해서 세탁하는 수준까지 도달하지 않는다면, 노동생산성이 비약적으로 올라가기는 어려울 것입니다.

IT 기술의 도입이 전통적 서비스산업을 더욱 활성화하고 업그레이드할 수 있는 가능성이 열려 있지만, 반면에 그 산업의 전통적인 고유한 속성이나 실제로 일을 하는 방식은 미래에도 상당 부분 그대로 유지될 가능성도 있습니다. 결국 전통산업에서 IT 융합이 얼마나 깊이 있게 이루어질 수 있느냐에 달린 것인데, 아직 IT 융합의 초기 단계이기 때문에 쉽게 예측하기는 어렵습니다.

10장

일자리

4차 산업혁명은 일자리를 파괴할까?

____4차 산업혁명을 다루는 거의 모든 책이나 보고서에 일자리 문제는 항상 핵심입니다. 4차 산업혁명은 인간의 노동력 자체를 대신할 수 있는 기술혁신이라는 점에서 이전의 혁신과 다르다고도 합니다. 그래서 이번 주제는 가장 어렵고 중요한 문제라 생각합니다.

인류가 문명생활을 시작하면서 수없이 많은 기술혁신을 이루었고, 덕분에 생산력이 증대되고 더 나은 삶을 누릴 수 있게 되었지만, 기술혁신으로 인간의 노동 자체가 사라질 수도 있다는 공포를 느낀 적은 없었던 것 같습니다. 그런데 4차 산업혁명 시대에는 이전과 다른 양상이 나타나는 것 같습니다.

과장된 대량실업의 공포

___왜 4차 산업혁명의 시대에는 '노동의 종말' 문제를 심각하게 생각하게 된 것일까요?

기술의 발전으로 인해 인간의 노동이 불필요해지고 일자리를 잃을 것이라는 두려움은 근래에 처음 생겨난 것이 아닙니다. 이런 예언과 공포는 역사적으로 뿌리가 깊습니다. 심지어 200여 년 전의 1차 산업혁명 시대에도 그러한 공포가 극심했습니다. 새로 발명된 방직기계가 일자리를 빼앗는다며, 방직공들이 기계를 부수는 러다이트 운동이 벌어졌지요.

실제로 어떤 직업들은 우리 주위에서 완전히 사라지기도 했습니다. 버스에 자동 안내방송이 도입되면서 '버스 안내양'이라고 부르던 승무원들이 사라졌습니다. 과거에 굉장히 흔했던 인력거꾼들도 자동차의 보급과 함께 사라졌지요.

무려 200여 년 전부터 기계와 자동화가 실업을 가져올 것이라는 예언이 끊임없이 반복되었습니다. 그럼에도 불구하고 200여 년 전에 비해 경제 전체의 전반적 실업률은 증가하지 않았습니다. 특정 분야에서는 고용이 줄거나, 심지어 특정 직업이 완전히 사라지기도 했지만, 반면에 새로운 일자리가 생겨나고 고용이 늘어나기도 했습니다.

만약 기술진보가 일관되게 고용을 줄인다면, 200여 년 전부터 실업률은 계속 증가했을 것이고, 지금은 모든 나라가 실업률이 굉장히 높아야 하는데 현실은 전혀 그렇지가 않지요. 즉, 기술진보가 일자리를 없앤다는 걱정은 전혀 새로울 것이 없으며 상당히 과장된 면이 있다는 것입니다.

정말 자동화가 일자리를 줄였을까?

___처음 금융회사에서 직장생활을 시작했을 때, ATM 기기가 적극적으로 도입되고 있었습니다. 당시 ATM 제조회사의 주가가 치솟으면서, 우리끼리는 자조적으로 저 회사의 기계가 하나씩 팔릴 때마다 은행 창구직원이 한 명씩 잘리는 것 아니냐는 이야기를 나누기도 했습니다.

지금은 ATM 정도가 아니라 모바일 금융까지 도입되어, 누구나 스마트폰에 금융 앱을 깔아서 거의 모든 은행업무를 볼 수 있지요. 하지만 여전히 은행 지점과 창구는 존재하고 있습니다. 이런 점을 보면 좀 낙관할 수도 있겠지요.

그런데 저는 통계상으로 일자리가 그리 줄어들지 않았다는 점이 매우 놀랍습니다. 실제 통계는 어떤가요?

우리나라 실업률 통계는 대략 1966년부터 집계되었는데, 이때 실업률은 7.1%이고 고용률은 52.8%였습니다. 실업률은 경제가 성장하면서 꾸준히 낮아져서 1978년에는 3.2%까지 떨어집니다. 그러다가 2차 오일쇼크 등 불경기 영향으로 1980년에 5.2%까지 올랐고, 1988년 서울올림픽부터 1997년 외환위기 전까지의 호황기에는 2%대를 계속 유지합니다. 외환위기가 터지자 실업률이 7%에 육박했으나, 회복과정에서

한국의 실업률 및 고용률 추이

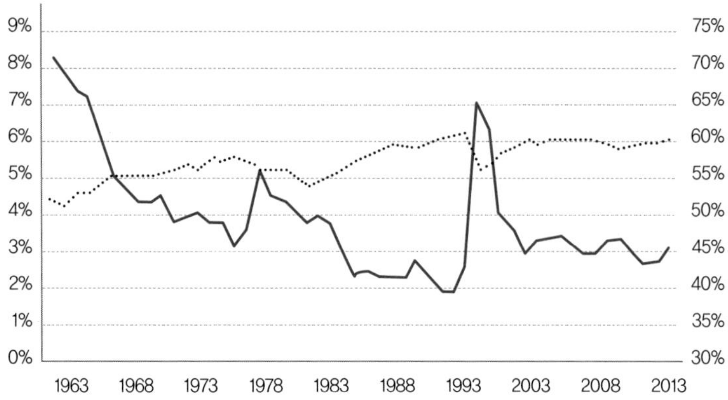

출처 : 통계청 경제활동인구 조사

한국의 제조업 노동 생산성 추이(1975년=1)

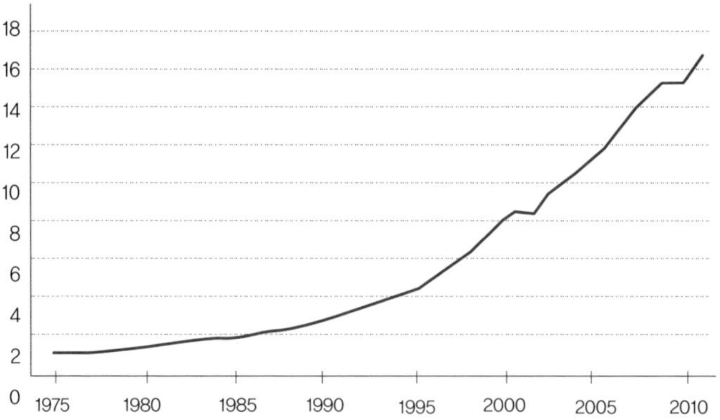

출처 : 한국생산성본부

다시 낮아져서 3%대로 떨어졌고, 이후 3%대에서 오르락내리락 하는 패턴이 지금까지 계속됩니다.

한편, 1960년대부터 지금까지 우리나라에서 기술혁신과 자동화가 얼마나 많이 진행되었을까요? 한국생산성본부의 자료에 따르면, 한국 제조업의 노동생산성은 1975년과 2010년 사이에 16배가 넘게 증가했습니다. 1975년에는 노동자 16명이 생산하던 것을 2010년에는 한 명이 기계를 활용해서 생산할 수 있게 된 것입니다. 그런데 왜 실업률은 크게 증가하지 않았을까요?

그 이유는 간단합니다. 같은 일을 하는 데 드는 인력이 1/16이 되었으나 일감은 16배 이상 늘었기 때문입니다. 자동화로 인해 노동의 수요가 준다는 것은, 생산량이 고정되어 있을 때 그렇다는 것입니다. 즉, 자동화가 진행되고 경제가 성장하면 생산량이 같이 증가하기에 노동수요도 그에 따라 같이 늘어나게 되는 것입니다. 지금까지는 대체로 자동화로 인한 노동수요의 감소가 경제성장에 따른 생산량 증대로 인해 상쇄되어 왔습니다.

자동화의 심화 및 확대 추세

____ 사실 지금도 이런저런 업종에서 몇만, 몇십만 명의 인력이 없어질 것이라는 식의 예측이 수없이 많은데, 지금까지 기술혁신에 따른 대량실업은 통계상 확인되지 않는다는 말이군요. 많이 안심이 되네요.

그런데 항상 나오는 말이 "이번은 다르다This time is different"입니다. 과거의 기술혁신은 도구의 개선으로 볼 수 있습니다. 고대로부터 살펴보아도 불의 발견, 바퀴의 발명, 가축 기르기, 수력 활용, 증기기관 같은 동력기관 혁신 등은 인간이 쓰는 도구를 발전시켜온 것입니다.

지금 다들 걱정하는 이유는 4차 산업혁명은 인간의 도구를 개선하는 것이 아니라, 인간 자체를 대체할 수 있을 정도의 기술혁신이 아니냐는 것입니다. 예를 들어 어떤 사람들은 자율주행 기술 때문에 운송 직종이 아예 사라질 것이고, 머신러닝에 의한 기계 번역으로 기술문서 번역 같은 일이 몽땅 사라질 거라고도 합니다.

지금까지는 기술혁신이 크게 보편화되지 못했지만, 앞으로는 좀 다를 수 있다는 걱정에 대해서는 어떻게 생각합니까?

과거에 자동화는 제조업 분야 공장의 테두리 안으로 주로 국한되었습니다. 예를 들어 사전에 미리 짜인 스케줄대로 움직이는 생산라인에서 로봇이 미리 정해진 동선대로 움직여서 부품을 조립하거나 용접하고, 미리 정해진 대로 페인트칠을 하는 식이었지요.

공장의 대량생산 라인 안에서는 매우 고도의 자동화가 이루어졌지만, 그 밖에서 일어나는 생산활동에서는 자동화가 제한되었습니다. 예를 들어 건설현장이라든지 물류 운송이라든지 서비스업 등은 자동화가 별로 안 되었죠. 그래서 노동생산성이 제조업 부문에서만 증대되었고, 그외의 영역에서는 그렇지 못했기 때문에, 경제 전체의 평균 노동생산성은 제조업 부문보다 크게 떨어졌습니다. 그러므로 제조업 부문에서 탈산업화가 진행되어 고용이 줄어들자, 일자리를 잃은 사람들이 자동화가 덜 이루어진 서비스업 부문으로 이동했습니다.

그런데 과거에는 이처럼 매우 루틴한 공정만 자동화가 가능했다면, 4차 산업혁명 시대에는 과거에 자동화가 어려웠던 분야마저도 자동화하려는 중입니다.

예를 들어 산업용 로봇은 오래전부터 있었지만, 이제 인공지능과 사물인터넷 기술 등의 도입으로 좀 더 유연하게 작동하고 더 넓은 범위의 공정에 투입할 수 있게 되었습니다. 또한 과거에는 탁 트인 하늘에서 상대적으로 루틴하게 움직이는 비행기에 자동조종이 도입되었으나, 이제는 비행기보다 훨씬 더 복잡한 환경에서 움직이는 자동차도 자율주행이 시도되고 있습니다. 자동화가 이처럼 과거에 불가능하다고 여겼던 영역으로도 확산되자 일자리에 대한 우려가 커졌습니다.

하지만 아무리 자동화가 진행되더라도 인간이 전혀 없이 기계만 혼자 작동하면서 생산활동을 하기는 어렵습니다. 예를 들어 완전 자동화된 공장이 가능하다고 하더라도 최소한 그 공장을 관리하는 것은 인간이어야 하며, 기계들이 고장나면 그것을 발견하고 수리하는 데도 인간이 필요합니다.

자율주행의 경우도 탁 트인 고속도로와 같은 곳에서는 이미 인간 운전자의 개입이 거의 필요하지 않은 수준에 도달했지만, 구글 무인자동차 웨이모가 여전히 안전을 위하여 인간 운전자를 태우고 주행하는 것처럼, 인간 운전자를 완전히 없애면 폭우와 교통혼잡 등 다양한 상황에 유연하게 대처할 수 없다는 우려가 여전히 남아 있습니다.

구글은 미국 애리조나주 피닉스시에서 인간 운전자를 아예 태우지 않고 완전 자율주행을 시작하겠다고 했으나, 이것은 그곳의 날씨가 매우 화창해서 악천후 문제가 없고 교통량이 많지 않아서 시내운전의 복잡한 상황에 대한 대처능력이 덜 요구되기 때문입니다.

한편, 택시 운전처럼 기존에 자동화되지 않던 서비스업 분야가 자동화되면, 그 분야의 서비스 가격이 크게 떨어집니다. 이 경우 과연 수요가 그대로일까요? 자율주행 택시가 나와서 요금이 절반 이하로 떨어지면 사람들이 훨씬 많이 타게 될 것이고, 그러면 택시와 연관된 일을 하는 사람들—정비사, 관리자, 택시 보험설계사 등—의 일자리가 늘어나게 될 것입니다.

즉, 어떤 분야에서 인간이 거의 필요 없을 정도로 고도의 자동화가 이루어진다면 소비자가격도 떨어질 것이고, 수요가 증가하여 자동화의 고용감소 효과를 상당 부분 상쇄할 수 있을 것입니다. 이것은 앞으로 4차 산업혁명 시대에도 마찬가지일 것입니다.

일자리의 질적 저하 문제

___미래에 대한 막연한 불안을 가질 필요가 없다는 점에 공감합니다. 다만 좀 다른 부분으로 걱정되는 점이 있습니다. 바로 일자리의 질 문제입니다.

기술혁신으로 중숙련 직종이 점점 사라지고, 고숙련 일자리 조금과 저숙련 저임금 일자리가 많이 늘어나는 현상이 보편적으로 일어나는 것 같습니다. 독일에서도 미니잡Mini Job이라는 이름으로 저숙련 노동이 크게 늘어나고, 미국도 비슷한 현상이 많이 보고되고 있습니다.

일자리가 이처럼 양극화되고, 양질의 일자리가 점점 사라지는 것은 문제가 아닐까요? 우리나라의 비정규직 문제도 고용의 형태뿐 아니라 고용의 질 문제잖아요. 앞으로도 이런 경향이 계속된다면, 일자리가 완전히 사라지는 일은 없다손 치더라도 일자리의 질이 떨어지는 것은 걱정됩니다.

기술혁신으로 인해 고숙련 일자리가 늘어나고, 그보다 숙련 수준이 낮은 일자리는 전부 줄어들 것이라고 생각하기 쉽습니다. 하지만 실제로는 전 세계적으로 중간 수준의 일자리만 줄어들고, 저숙련 일자리는 오히려 늘어나는 현상이 나타났습니다. 이를 '일자리 양극화'라고 합니다. 그 배경을 보면 앞서 말했듯, 자동화의 진도가 경제 전체에서 균질하지 못하고, 제조업 등 특정 산업에 쏠려서 나타난 것과 관련이 있습니다.

그동안 자동화와 이에 따른 생산성 증대를 이끈 산업은 제조업 분야였습니다. 문제는 서구 선진국에서는 대략 1970년대 중반 이후부터, 우리나라에서는 1990년대 중반 이후부터 제조업의 성장이 둔화되는 탈산업화 현상이 나타나기 시작했다는 것입니다.

생산이 자동화 속도보다 더 빠르게 증가해야 고용감소를 막을 수 있는데, 제조업 분야에서 생산의 증가 속도가 자동화 속도보다 떨어졌습니다. 그 결과 제조업에서 생산직 노동자의 고용이 감소하고, 저임금 서비스업으로 대거 이동하게 됩니다.

제조업 부문에서 오랫동안 숙련된 기술을 쌓으면서 장인이나 마이스터로 불리던 사람들이 서비스 부문으로 이동하면서 그 기술들이

다 필요 없게 되고, 이른바 맥잡Mcjob, 다시 말해 맥도날드 알바와 같은 전망 없는 저임금 노동으로 불리는 단순노동 일자리를 가질 수밖에 없게 되었습니다. 그러므로 제조업 분야의 숙련 기능공들이 이러한 변화의 최대 피해자이고, 이들은 소득이 줄어들 뿐만 아니라 오랫동안 쌓아온 기술과 경험이 부정당하는 엄청난 좌절을 겪게 됩니다. 현재 전 세계적으로 고용문제로 인한 분노가 가장 크게 터져나오는 계층이 바로 이들입니다.

문제는 서비스업 부문의 일자리가 너무 저숙련 저임금 일자리라는 것입니다. 그러므로 서비스업 부문에서도 자동화가 이루어지고, 필요한 숙련도가 제조업 수준으로 올라가서 둘 사이의 평준화가 이루어진다면, 이런 문제는 오히려 덜해질 수도 있습니다.

4차 산업혁명은 IT 기술을 기존에 적용되지 않던 사각지대까지 확산하자는 것을 모토로 하고 있으며, 이른바 전통산업으로 불리던 분야에도 첨단 IT 기술을 접목하는 것을 지향하고 있습니다. 이러한 움직임이 서비스업 부문의 혁신과 생산성을 강화해서 제조업과의 생산성 격차를 줄이게 된다면, 이제 제조업 부문에서 일자리를 잃은 노동자들이 서비스업으로 이동하는 것을 크게 기피하지 않을 수도 있고, 일자리 양극화의 고통이 줄어들 수도 있을 것입니다. 물론 이렇게 낙관할 수만은 없습니다. 하지만 이것이 4차 산업혁명이 가져다주는 하나의 기회라고 볼 수도 있습니다.

서비스업 부문의 생산성 혁신은 가능한가?

___실제로 최근 주목받고 있는 기술혁신은 바로 '서비스업 부문의 생산성 혁신'에 집중되는 것 같습니다. 예를 들어 택시라는 전통적인 서비스업에 우버 등 기술혁신이 덧붙여진다든가, 호텔업에 에어비앤비가 치고 들어가는 등의 사례를 많이 찾을 수 있습니다. 그런데 저는 좀 오래된 의문이 있는데, 과연 우버라는 서비스가 전폭적으로 도입된다고 하더라도 엄청난 생산성 혁신이 이루어질 수 있을까 하는 점입니다.

좀 더 일반적인 문제로 범위를 넓혀보자면, 전통적인 서비스업에 기술혁신이 일어나서 생산성이 향상되고, 그 효과가 산업 전반에 나타날 것이라는 희망에 대해서 아예 처음부터 의문이 듭니다. 정말로 서비스업의 생산성 향상 효과가 나타날까요?

타당한 우려입니다. 이 문제는 두 가지 측면에서 볼 수 있습니다.

첫째, 과거 생산성의 역설로 불리던 문제가 앞으로도 여전히 해결되지 않을 수 있다는 우려입니다. 그렇다면 IT 융합을 통한 서비스업의 생산성 증대로 제조업과 서비스업의 격차를 줄이고, 동시에 서비스업 일자리의 질을 올리는 것도 어렵지 않겠는가 하는 것입니다.

둘째, 서비스업 부문에 아무리 IT 기술을 결합한다고 해도, 기본적 구조가 저임금 저숙련 노동 위주라는 것을 바꿀 수 있겠는가 하는 우려입니다.

첫 번째 문제인 생산성 역설이 발생하는 큰 원인은 IT 기술 적용으로 인한 제품이나 서비스의 질적개선이 매출 증대가 아니라, (가격

대비 성능비의 향상을 통한)소비자 후생 증대로 이어지고, 이로 인해 화폐가치 위주의 GDP 통계에서 누락되기 쉽다는 것입니다. 이런 문제가 서비스업 분야에서 IT 융합의 경우에서도 당연히 나타날 수 있겠지요. 그러나 비록 수치상으로 GDP가 증가하지 못하더라도, 소비자 후생의 증대라는 차원에서 실질적으로 물질적 풍요에 기여한다고 볼 수 있습니다.

두 번째 문제인 저숙련 서비스업에 아무리 IT 기술을 접목한다고 한들, 저숙련 저임금 구조가 크게 바뀌겠는가라는 우려는, IT 기술이 구체적으로 어떤 직무Task를 수행하는 데 사용되느냐, 핵심적인 부분이냐, 아니면 상대적으로 주변부냐와 연관이 있습니다.

우버나 에어비앤비의 경우 서비스를 소비자와 매칭하는 과정에서만 IT 기술이 적용되고, 실제로 서비스를 제공하는 과정에서는 여전히 전통적 방식이 그대로 유지되고 있습니다.

우버의 경우 운전은 여전히 인간 운전자가 하고 있고, 에어비앤비도 청소를 하고 침구를 세탁해서 새 손님을 맞을 준비를 하는 기본적 업무는 기존 숙박업이나 마찬가지입니다. 따라서 IT 기술이 이런 전통적 서비스업의 매우 노동집약적인 업무구조를 근본적으로 바꿀 수 있느냐에 대해서 의문이 제기될 수밖에 없습니다.

물론 앞으로 기술이 더욱 발전하면서 운전도 자율주행으로 하고 객실 청소도 로봇이 할 수도 있겠지만, 아직까지는 초보적 단계입니다. 이 부분에 대해서는 아직은 확실한 전망을 하기 어렵다고 생각합니다.

미래 일자리 변화의 특징

___지금까지 4차 산업혁명과 일자리에 대한 논의는 거의 대부분 '얼마나 많은 일자리가 없어질 것인가?'라는 주제로 집중되었습니다. 이런 논의는 주로 미래에 대한 공포만 키우는 쪽으로 진전되기 일쑤였습니다.

따라서 일자리의 수에 대한 전망보다는, 오히려 일자리의 성격이나 특징이 어떻게 변할 것인지를 생각해보는 것이 훨씬 생산적이지 않을까 싶습니다. 미래 일자리는 어떤 식으로 바뀌어 갈까요?

미래의 일자리 변화에는 기술 이외에도 사회문화 등 여러 요인이 작용할 것입니다. 여기서는 이른바 4차 산업혁명 관련 신기술로 불리는 인공지능, 빅데이터, 사물인터넷 등 IT 신기술 및 이러한 신기술이 전 산업에 걸쳐 융합되면서 발생하는 변화로 좁혀서 보겠습니다.

인공지능과 같은 신기술은 이른바 'GPTGeneral Purpose Technology, 범용기술'라고 불리며, 마치 과거 PC나 인터넷의 발명처럼 특정한 사용용도가 없고 거의 모든 용도로 활용할 수 있습니다. 그러므로 일단 이러한 범용 신기술의 개발과 관련된 일을 하는 전문적인 IT 인력의 일자리가 늘어날 것으로 예상됩니다.

하지만 4차 산업혁명의 핵심 특징이 바로 '융합'이므로, 이러한 범용 신기술들이 IT 이외의 다른 산업들로 확산되고 융합되는 과정에서 또 새로운 일자리들이 많이 생겨날 것입니다.

IT 전문인력의 다변화

___일단 기술혁신이 IT 분야에 집중되니, 일자리 문제도 IT 분야를 중심으로 생각하는 것이 자연스럽겠군요. 지금도 IT 분야에서는 기술혁신이 매일같이 이루어지고 일자리가 계속 생기기도 하고 없어지기도 합니다.

핵심 개발자, 예를 들어 운영체제나 프로그래밍 언어를 새로 만드는 수준의 개발자들은 지금도 극소수일 텐데요. 소프트웨어 개발자라는 직종에 한정해서 보면 다양한 분야로 분화되지 않을까요?

IT 전문인력, 개발자들도 스펙트럼이 다양합니다. 운영체제나 인공지능 등 핵심 알고리즘을 구현하고 시스템을 설계하는 핵심 전문인력이 있습니다. 이른바 원천기술을 다루는 일이죠.

그러나 모든 개발자가 이러한 코어 레벨의 일을 하는 것은 아니고, 원천기술을 구체적인 애플리케이션으로 구현하는 응용 수준의 개발을 하는 인력들도 있습니다. 크게 보면 기초 및 원천기술 등 코어기술 수준과 응용기술 수준으로 나누어볼 수 있습니다.

전자인 코어 레벨 개발에서는 어떤 컴퓨터언어, 어떤 툴을 쓸 줄 아는 것이 중요한 것이 아닙니다. 그런 기술도 당연히 필요하지만, 그보다는 수학과 통계학, 컴퓨터공학 이론, 수리적 센스와 같은 기본기가 더욱 중요한 차이를 만들어냅니다. 관련 업계에서는 인공지능 관련 기술 개발에서 가장 중요한 것은 프로그래밍 기술보다도 오히려 수학과 통계학적 기초라고 하는 사람들이 많습니다.

그런데 모든 개발자들이 인공지능 기술 등의 기본원리와 알고리즘을 다 이해하고 개발하는 것은 아닙니다. 우리가 엑셀이 만들어진 원리를 몰라도 사용할 수 있는 것과 마찬가지로, 이미 인공지능 기술 등의 알고리즘이 모듈화되어 라이브러리로 공개되어 있기 때문에, 미리 만들어진 모듈을 활용하여 개발하면 인공지능의 기초 알고리즘까지 알지 못해도 개발을 할 수 있습니다.

응용 개발자들은 수학과 통계학적 기초가 원천기술을 담당하는 개발자들보다 덜 필요할 수도 있는 반면, 구체적인 응용 개발 툴을 능숙하게 활용할 수 있는 능력이 더욱 중요할 수 있습니다.

IT 기술의 일자리 창출 유발 효과

___앞에서 살펴본 내용을 짚어보면, 아무래도 핵심 코어 개발자는 여전히 소수일 것이고, 응용 개발자들은 수요가 훨씬 클 것 같은데요. 이것을 일자리 창출이라는 관점에서는 어떻게 봐야 할까요?

코어 레벨의 개발자들은 상대적으로 소수이고, 양적으로 보면 응용 개발자들이 훨씬 많은 비중을 차지하겠지요. 그렇다고 코어 레벨의 개발영역이 일자리 창출에 별로 기여하지 못한다고 할 수는 없습니다. 왜냐하면 코어 레벨의 개발이 제대로 안되면 응용 레벨의 개발도 잘될 수가 없습니다. 코어 레벨의 개발에서 일어난 혁신은 응용 레벨의 개발에 커다란 파급효과를 일으킵니다.

즉, 코어 레벨의 개발영역에서 직접적으로 창출하는 고용은 작지만, 다른 영역의 일자리를 창출하거나 그 일자리의 질과 업무효율을 향상시키는 데 기여함으로써 간접적으로 고용을 창출하고 있는 것입니다. 또한 응용 개발자들의 경우에는 구체적인 애플리케이션을 개발하면서 그것들이 활용되는 모든 분야에 걸쳐서 파급효과를 가져옵니다.

예를 들어 인공지능 기술을 활용한 전자상거래 앱을 개발하는 경우를 봅시다. 기초적인 인공지능 기술을 구현한 모듈을 개발한 코어 개발자가 있기에, 그러한 모듈을 활용하여 구체적인 서비스를 제공하는 전자상거래 앱을 만들 수 있었을 것입니다. 그 과정에서 응용 앱 개발자의 고용이 생겨납니다.

또한 앱 서비스를 시작하게 되면 수많은 업자들이 사용합니다. 제조업체나 유통업체도 전자상거래 앱을 사용할 것이고, 동네 골목의 가게들도 사용할 수 있을 것입니다. 그렇게 되면 전자상거래 앱을 통해 매출이 늘어난 유통업체 및 가맹점포에서 고용을 늘릴 것이고, 그 업체들이 판매할 물건을 생산하는 제조업체의 매출 역시 늘어나면서 고용이 창출됩니다.

이 경우 개발 인력뿐만 아니라 영업 및 판매, 생산, 일반사무 등을 담당하는 인력도 고용이 늘어나게 됩니다. IT 기술의 혁신으로 IT나 개발 인력과는 전혀 상관없는 종류의 일자리까지도 고용이 유발되는 것입니다.

IT 기술은 이처럼 고용에 광범위한 파급효과를 미치기 때문에, 직접적인 고용만 보면 안 되고, 다른 분야의 고용창출 및 노동생산성 증대에 기여하는 촉매로 작용하는 간접적 효과가 더욱 중요합니다.

미래 융합 일자리가 요구하는 역량

___아무래도 4차 산업혁명이 IT에 집중되니, IT 분야의 일자리를 먼저 살펴보았습니다. 그런데 IT 분야 이외의 일자리에는 어떤 변화가 있을까 궁금합니다. 이들도 최근 IT 분야에서 일어나는 기술혁신에 발 맞추어야 하지 않을까 하는 막연한 생각만 듭니다.

이제라도 코딩 능력을 어느 정도 갖추어야 하나 싶기도 하고, 어떻게든 이런 변화에 적응해야 한다는 조바심이 커지기도 합니다. 이른바 '문과 출신'들도 프로그래밍 언어를 배우는 식의 노력이 필요할까요?

IT 기술이 기존 IT 산업의 테두리 밖으로 광범위하게 융합되므로, 당연히 융합적 업무를 하는 인력들이 필요합니다. 예를 들어 인공지능 등 IT 기술을 의료에 응용하는 경우에는 양쪽의 접점에 해당하는 역할을 수행해야 합니다. 한마디로 IT도 알고 의료에 대해서도 알아야 한다는 것이지요.

그런데 이 경우 IT가 적용되는 대상 분야인 의료에 대한 지식, 즉 도메인 지식Domain Knowledge이 주가 되어야 하느냐, 아니면 IT 기술에 대한 지식이 주가 되어야 하느냐라는 의문이 생깁니다.

둘 다 주전공이 될 수 없으면, 하나가 주전공이 되고, 다른 하나는 부전공이 되어야 하지요. IT 융합 분야의 업무를 하는 전문가들을 만날 기회가 자주 있는데, 대체로 IT 기술을 잘 아는 것보다는 그 기술이 적용되는 분야를 잘 아는 것이 더욱 중요하다는 말을 많이 합니다. 즉, 의료와 IT 융합이면 의료지식, 금융과 IT 융합이면 금융지식, 제조와 IT 융합이면 제조공정에 대한 지식이 먼저 받쳐주어야 하고, 그것을 기반으로 IT 기술을 적용하는 식으로 일을 하게 될 것이라고 합니다.

영화 〈아마겟돈〉을 보면 지구와 부딪히려는 것을 막기 위해 우주에 나가서 소행성에 깊숙이 구멍을 팝니다. 그때 NASA는 우주인에게 구멍 파는 법을 가르치는 것이 아니라, 석유시추선에서 구멍을 파는 전문가들을 데려와서 우주비행사 교육을 시키지 않습니까? 이 경우도 '석유시추'라는 구체적인 도메인 지식이 '우주비행'이라는 범용기술보다 더 우선시되는 사례입니다.

거의 대부분의 IT 기술은 시간이 지나면 사용이 점점 더 간편해질 것입니다. PC도 처음 나왔을 때는 숙련된 사람만이 사용할 수 있었지만, 이제는 더 이상 특별한 기술이 아닌 것처럼요. 그러나 그 IT 기술이 적용되는 비 IT 분야의 지식, 즉 도메인 지식은 시간이 지나도 더 수월해지기가 쉽지 않습니다.

예를 들어 요즘은 거의 모든 의사가 간편하게 PC를 조작해서 의료기록을 입력하고 조회할 수 있게 되었지만, 의대에 들어가서 의학공부를 하고 의사가 되는 것은 여전히 매우 어렵습니다. 그러므로 앞으로 비 IT 분야의 IT 융합에서는 IT 기술보다 오히려 해당 분야에 대한 지식이 더욱 중요해질 것이라는 의견이 많습니다.

기초 IT 문해력의 필요성

___저도 사실 개발자들을 보면 굉장히 부럽기도 하고, 이런저런 업무를 하면서 간단한 프로그래밍이라도 할 줄 알면 얼마나 좋을까 싶어서 여러 번 시도해보았습니다. 시도만 여러 번 해본 거죠.

여러 프로그래밍 언어에 살짝 입문했을 때, 누구나 처음 배우는 'Hello World!'를 입력하여 화면에 출력해보기도 했습니다만, 항상 딱 거기까지였습니다. 발을 그 이상으로 조금만 들이려고 해도 굉장히 갑갑해지곤 했습니다. IT를 전공하지 않은 사람이 독학으로 프로그래밍을 배우는 것은 정말 진입장벽이 높더라고요. 그런데 과연 저 같은 문과 출신들도 앞으로 기술혁신에 적응해갈 수 있을까요?

사실 IT 기술을 활용하는 쪽에서는 기초적 IT 소양 내지는 IT 문해력만 있으면 된다고 생각합니다. 그러나 문제는 이것도 절대 만만한 일이 아니라는 것이지요.

그런데 앞으로는 모든 산업에서 IT 기술이 대대적으로 적용될 것이므로, 모든 사람들이 IT 문해력을 반드시 갖추어야 합니다. 이것은 단순히 개인의 성공을 위한 문제가 아니라 커다란 사회적 과제입니다.

과거에는 문맹퇴치가 큰 과제였는데, PC와 인터넷이 보급되기 시작하자 이른바 컴맹 퇴치가 사회적 어젠다가 되지 않았습니까? 이는 개인의 선택에만 맡겨둘 수 없고 공교육에 포함해 모든 사람이 배우는 보편교육이 되도록 해야 합니다.

이 경우 '무엇을 배워야 하느냐?' 뿐만 아니라 '무엇은 안 배우고 넘어가도 되느냐?'라는 문제가 더 중요해집니다. 워낙에 방대한 지식 속에서 누구나 꼭 배워야 하는 핵심만을 추려서 뽑아내는 것이 필요한데, 이것이 매우 어렵기 때문입니다.

예를 들어 인공지능을 구현하는 딥러닝 알고리즘 같은 것을 모두 자세하게 알 필요는 없지만, 일단 인공지능이란 스스로 원리를 이해하고 그에 바탕해 사고하는 것이 아니라 원리를 모른 채로 대량의 데이터에서 패턴을 찾아내는 식으로 작동한다는 것 정도는 알고 있어야 합니다. 인공지능이 어떤 일은 사람보다 매우 잘하고, 반대로 어떤 일은 사람보다 대단히 못하는지 대략적으로 이해하고 있어야 합니다. 그래야 인공지능 기술을 활용한 애플리케이션을 능숙하게 다룰 수 있게 되고, 자율주행차를 사고를 내지 않고 제대로 타고 다닐 수 있을 것입니다.

또한 4차 산업혁명의 핵심이 대량의 데이터 수집 및 분석에 있기 때문에, 데이터 생성이나 보안에 관한 기본적인 인식이 있어야 합니다. 예를 들어 SNS를 사용할 때 내가 사고 싶었던 물건들이 광고로 막 뜬다면, 과거 나의 사용 패턴 데이터가 수집·분석되었기 때문이라는 것 정도는 알고 있어야 하지요.

앞으로는 마치 지금 엑셀을 다루듯이, 인공지능을 활용하면서 일을 하게 될 것입니다. 물론 그러기 위해서 프로그래머가 될 필요는 없습니다. 그래도 뭔가 추가로 배워야 할 것들이 생겨나고, 그것이 전공이 아닌 사람들에게는 상당히 부담이 되는 것은 사실입니다. 그래서 많은 사람들이 미리 두려움을 느끼는 것입니다. 도대체 얼마나 배워야 하는지, 무엇을 배워야 하는지 모르겠다는 불확실성 때문에 공포가 더욱 증폭됩니다.

따라서 마치 과거 서당에서 글공부를 시작하는 아이들에게 수만 자가 넘는 한자 중에서 딱 천 자만 골라서 천자문으로 가르쳤듯, '전공자가 아니면 이 정도만 알면 돼!'라는 컨센서스를 정립하는 것이 정말로 중요하다고 생각합니다.

___역시 교육의 문제로 넘어오게 되는군요. 그리고 그 교육이 최대한 많이 배워야 한다는 것이 아니라, 오히려 배워야 하는 내용을 최적화하는 데 가장 초점을 두어야 한다는 말이 인상적입니다.

11장

기업 생태계

미래에는 1등 기업만 살아남을까?

글로벌 플랫폼 집중 현상

___최근 수년 동안 세계 주식시장에서 가장 뜨거운 이름은 FANG이라고 불리는 미국의 4대 기술기업이었습니다. FANG은 페이스북Facebook, 아마존Amazon, 넷플릭스Netflix, 구글Google의 약자인데, 여기에 마이크로소프트를 포함하는 경우도 있습니다.

이들의 공통점은 한마디로 '플랫폼'을 완성한 기업이라고 할 수 있습니다. 페이스북은 소셜 네트워크, 아마존은 전자상거래, 넷플릭스는 영상 콘텐츠, 구글은 검색이라는 영역에서 거의 독점에 가까운 지위를 가지고 있습니다. 이들의 플랫폼 장악력이 워낙 강력하다 보니 이에 대한 우려도 매우 큽니다.

특히 미국에서는 아마존 때문에 파산한 기업들의 리스트가 끝도 없이 늘어나고 있습니다. 2017년 한해 동안 미국에서 문을 닫은 소매점만 9,000여 개에 이르고, 문을 닫은 소매체인만 해도 56개에 달한다고 합니다.

이런 공포는 아마존이 지배하는 유통업계에만 국한되는 것이 아닙니다. 구글이나 애플은 자율주행 자동차까지 만든다고 나섰습니다. 기존 자동차 회사들은 그냥 철판을 두른 엔진이나 만들고, 정작 진짜 부가가치는 이들이 만드는 차량 정보 시스템에서 나올 것이라는 예상도 흔히 볼 수 있습니다.

그동안 구글은 검색을 통해 미디어 업체들의 수익과 영향력 모두를 엄청나게 깎아내버렸고, 넷플릭스는 방송 시스템 전체를 위협하는 수준으로 커졌습니다. 미국에서 넷플릭스라는 이름은 어느새 보통명사화되었습니다.

플랫폼 기업들의 약진을 보다 보면, 기업 생태계가 점점 플랫폼에 종속되면서 독점이 더욱 강화되는 것 아니냐는 걱정을 할 수밖에 없습니다. 미국 거대 IT 기업의 영향력이 일부 정보 서비스 분야에 국한되지 않고, 이처럼 거침없이 전통적 영역으로 밀고 들어오고 있는데요. 우리나라도 그 영향에서 절대 자유로울 수 없을 것 같습니다.

게다가 더욱 걱정되는 부분은 거대독점기업이 탄생한다는 정도가 아니라, 승자독식Winner Takes All으로 거의 모든 부가가치를 빨아들이는 현상입니다. 이런 현상은 메모리와 스마트폰을 만드는 삼성전자나현대차 같은 우리나라의 거대기업들도 절대 피해갈 수 없을 것 같습니다.

승자독식의 시대가 도래한다면, 기업 생태계는 어떻게 변하게 될까요? 아니, 좀 더 강하게 표현한다면, 플랫폼 기업들을 제외한 나머지 기업들은 어떻게 생존할 수 있을까요?

구글과 같은 기업들은 세계적인 수준에서 매우 포괄적인 영역을 커버하는 보편적인 범용 플랫폼을 제공합니다. 따라서 어떤 특정한 국가나 영역에 특화되어 있지 않습니다. 구글을 보면 메인 페이지는 지극히 단순하기 그지없으며 나라에 따라 차이도 거의 없습니다. 그야말로 'One Size Fits All모든 사람이나 목적에 널리 적용되도록 만든' 전략을 취합니다.

구글 등은 가장 일반적인 수준의 범용 플랫폼으로서 자신의 영역에서 글로벌 선두주자이며 우위가 확고합니다. 우리나라의 어느 기업이 이들과 대등하게 경쟁해서 선두자리를 빼앗아오는 것은 거의 불가능하다고 해도 과언이 아닙니다.

반면에 이들은 수많은 응용 사례에 특화된 솔루션을 내놓는 데는 어려움이 있습니다. 전 세계를 상대로 단일화된 솔루션을 내놓다보니 소비자 입장에서는 마치 잘 만든 기성복을 입은 것처럼 뭔가 아쉽고 맞춤옷을 가지고 싶다는 생각도 들게 됩니다. 따라서 비록 FANG과 같은 글로벌 IT 선도기업의 우위가 확고하게 유지되더라도, 특정 영역에 특화된 맞춤형 솔루션을 제공하기 힘들다는 한계 역시 클 것이며, 다른 기업들은 이 부분을 노려서 대응해나갈 것이라고 봅니다.

플랫폼 생태계

___구글은 이미 거의 전 세계적인 검색 서비스 독점기업이 되었습니다. 수많은 기업들이 구글이 제공하는 여러 서비스를 활용해 자사의 서비스를 공급하고 있습니다. 언뜻 생각하기에도 수많은 기업들이 구글 지도를 쓰고 있으며, 구글이 제공하는 번역 기능, 오피스 소프트웨어 등을 활용하고 있습니다.

한편 기업들이 구글의 서비스에 '락인Lock-In' 되어버리면, 구글의 독점력이 더욱 강화되고, 결국 구글에만 좋은 일을 시켜주는 것 아니냐는 걱정도 듭니다. 이 부분은 어떻게 생각하는지요?

구글은 검색이나 지도, 번역, 무료 온라인 오피스, 스토리지 등 매우 많은 서비스를 막대한 비용을 들여 개발하고, 기본적으로 공짜로 제공하고 있습니다. 그러면 당연히 '구글이 왜 그런 걸 공짜로 제공하지? 세상에 공짜는 없는데 다 이유가 있는 것 아니겠나?'라는 의문이 들 수밖에 없습니다.

그 이유는 역시 구글이 주도하는 생태계를 만들고, 거기에 다른 기업들이 참여해서 그 생태계를 키우고, 그렇게 커진 생태계가 구글의 서비스에 대한 수요를 다시 늘리는 선순환 흐름을 창출하기 위해서일 것입니다. 당연히 구글이 제공하는 서비스에 다른 참여자들이 락인되는 것을 의도한 것일 테고요.

이것은 구글의 독과점적인 패권 강화에 기여하는 것이지만, 다른 한편으로 보면 구글이 나름대로 기업 생태계가 커가는 데 필요한 필수

플랫폼 생태계

공공재를 제공한다는 양면성이 있습니다. 그리고 이런 생태계에 들어와 있는 다른 기업들도 분명히 이익을 누릴 수 있는 기회가 있습니다.

노키아는 구글이 만들어낸 안드로이드 스마트폰 운영체제 플랫폼에 맞서, 자체 스마트폰 운영체제를 내세우면서 정면으로 맞서 싸우다가 몰락했습니다. 하지만 삼성전자 갤럭시는 맞서 싸우지 않고 동참하기로 결정하여 큰 이익을 볼 수 있었습니다.

구글의 패권은 그들의 범용 플랫폼에 도전하여 경쟁 플랫폼을 제공하려는 업체에는 엄청난 장벽이고, 심지어 싸우다가 노키아처럼 몰락할 수도 있을 것입니다. 그러나 삼성전자처럼 협력관계를 유지하면서 이익을 얻으려는 전략을 추구한 기업에는 구글의 압도적인 플랫폼 주도권은 오히려 도움이 되는 부분이기도 했습니다.

IT 플랫폼 선도업체와 전통적 선도업체의 제휴

___구글과 삼성의 협력은 서로 매우 좋은 결합이라고 생각합니다. 그런데 이런 좋은 상황이 항상 일어나리라는 보장이 없지 않나요?

예를 들어 구글은 지금도 자율주행 분야에서 가장 두각을 나타내고 있고, 애플도 엄청난 투자를 쏟아부어 개발할 수 있을 것입니다. 이렇게 되면 자동차의 두뇌는 구글이나 애플이 만들고, 생산하청업체로 전락하는 것은 아닐까 하는 생각도 듭니다. 실제로 자동차 회사들도 이런 부분을 많이 걱정하고 있고요.

앞으로 전통적인 기업들은 규모에 상관없이 플랫폼 기업에 종속된 팔로워가 되는 운명이 아닌가 하는 생각도 듭니다. 이 점에 대해서는 어떻게 생각하는지요?

구글, 아마존 등의 글로벌 IT 선도기업들이 데이터 검색이나 인공지능, 크라우드 서비스 같은 범용기술의 개발 및 서비스 제공에서는 다른 IT 기업이나 일반 비 IT 산업의 기존 선도기업에 비해 훨씬 강한 것은 사실입니다.

그러나 실제 제품과 서비스를 개발하고 소비자에게 제공하는 일은 IT 범용기술만으로 가능한 것이 아닙니다. IT 범용 기술은 구체적인 사용처에 적용되어야만 소비자에게 효용을 줄 수 있습니다. 그러려면 일단 그 기술이 적용되는 유스 케이스Use Case에 대한 지식과 노하우가 있어야 하는데, 구글과 같은 선도기업들이 이 부분에서는 우위에 있지 않습니다.

예를 들어 구글이 자율주행차의 인공지능 알고리즘 부분은 뛰어날지 모르지만, 자동차 자체의 운행 메커니즘에 대해서는 자동차 제조업체에 비해서 잘 모르고, 도로상황 정보 습득에서는 내비게이션 소프트웨어 업체보다 잘 모르며, 행인이나 다른 자동차를 인식하는 센서 부분에서는 센서 제작 및 영상 인식 소프트웨어 제작업체보다 잘 모릅니다.

따라서 구글도 자율주행차를 개발하면서 수많은 업체들과 파트너십을 맺었고, 차량의 경우는 아예 기존에 만들어진 차량을 그대로 활용해서 제작했습니다. 차를 구성하는 각 분야별 선도기업과의 제휴가 없으면, 구글 혼자서는 아무것도 할 수가 없습니다.

한편, 구글과 같은 매우 범용적인 플랫폼이 아니라 특정한 영역에 특화된 플랫폼을 제공하는 경우도 많습니다. 독일의 지멘스사는 스마트팩토리를 구현하기 위한 범용 솔루션을 개별 공장에 제공하고 있으며, 이 솔루션을 활용하면 개별 공장들이 모든 기능을 자체 구현하지 않아도 손쉽게 스마트팩토리를 구성할 수 있습니다. 스마트팩토리 분야에서는 지멘스사나 GE사처럼 기존 제조업체들이 플랫폼 리더가 되는 경우가 많습니다.

인공지능 개발 플랫폼 생태계

____앞에서 말씀한 부분을 우리가 가장 쉽게 느낄 수 있는 것은 스마트폰 생

태계일 듯합니다. 구글과 애플이 운영체제를 만들고, 거기에 쓰일 앱을 파는 장터를 크게 열어놓으니, 이를 기반으로 정말 무수한 기업들이 이를 활용하고 있습니다.

여기까지는 사실 기존의 마이크로소프트사가 윈도우 운영체제를 만들고, 그 기반 위에서 수많은 소프트웨어 기업들이 애플리케이션을 개발하는 시스템과 거의 같아서 이해하기가 쉽습니다.

그런데 이후에는 인공지능 등 새로운 기술 기반들이 등장할 텐데요. 이러한 기반기술 업체와 응용기술 업체 간의 협업 시스템은 이후로도 계속 유지될 수 있을까요?

4차 산업혁명 시대 기반기술의 핵심은 인공지능 및 대용량 데이터 처리가 되겠지요. 그런데 여기서 진입장벽이 높다는 것이 문제가 됩니다. 딥러닝과 같은 인공지능의 기반기술은 상당한 수준의 수학적 지식을 필요로 하고, 그것을 그냥 구현만 한다고 되는 것이 아니라 연산을 최적화해서 효율성을 최대한 끌어올려야 한다는 것이 큰 도전이 됩니다.

그런데 다행스럽게도 이미 그러한 알고리즘을 구현해서 모듈화한 라이브러리(연관된 목적을 가진 모듈들의 모음)들이 있고, 그렇게 이미 만들어진 모듈을 가져다 조립함으로써 인공지능 기술을 손쉽게 구현할 수 있습니다.

문제는 '그것을 누가 개발하는가?'라는 것입니다. 이러한 라이브러리의 상당수는 오픈소스로 공개되어 있습니다. 그런데 개발에 많은 시간과 비용이 드는데, 자발적으로 공개 소프트웨어를 무보수로 만드는 개인 개발자의 열정에만 의존할 수는 없을 것입니다.

여기서 구글과 같은 글로벌 IT 선도기업이 큰 역할을 하고 있습니다. 구글의 경우 텐서플로Tensor Flow처럼 인공지능을 쉽게 구현할 수 있는 개발툴을 만들어 무료로 제공하고 있습니다.

구글 이외에도 IBM, 마이크로소프트 등 많은 기업들이 자체적으로 인공지능 개발툴을 만들어 대외적으로 공개하여 누구나 사용하게 하고 있으며, 오픈AIOpenAI 등 인공지능 연구재단에 오픈소스로 기부하기도 했습니다.

그러면 이렇게 공개된 AI 라이브러리를 활용해서 각각의 분야에 맞게 응용한 특화된 AI 라이브러리를 개발할 수 있습니다. 그리고 이렇게 범용 인공지능 라이브러리를 활용해서 특화된 인공지능 개발 플랫폼을 만들고, 이를 다시 일반에 공개하기도 합니다.

예를 들어 에어비앤비는 구글의 텐서플로 등의 인공지능 개발툴을 활용하면서, 한편으로는자체적으로 숙박 분야에 특화된 인공지능 개발툴을 만들어 공개하기도 했습니다. 숙박 수요가 시기에 따라서 어떻게 변화할지, 인공지능을 활용하여 예측할 수 있는 플랫폼을 개발한 것입니다. 구글도 이런 고유 업무 분야에서는 에어비앤비를 당해낼 수가 없는 것이지요.

인공지능 기술이란 매우 보편적이면서도 특수합니다. 딥러닝 등과 같은 기본적인 기술은 모든 영역에서 공통적으로 적용될 수 있습니다. 그러나 이를 구현하려면 해당 분야에 누적된 데이터와 그 데이터를 해석하고 구조화할 수 있는 노하우가 필요합니다. 이것은 인공지능 알고리즘을 잘 안다고 될 수 있는 것이 절대 아니고, 인공지능 적용 대상 분야에서 오랫동안 사업을 해왔던 기존 기업들의 역량이 더해져야만 가능합니다.

앞으로는 인공지능 기술의 확산 및 보편화로 인해서 오히려 인공지능 기반 기술업체 쪽에서 이를 구체적으로 응용하는 업체 쪽으로 주도권이 옮겨갈 가능성도 있습니다.

플랫폼 기업이 경쟁우위의 원천 : 데이터 주도권

___플랫폼 기업의 중요성은 시간이 갈수록 점점 실감이 납니다. 과거에는 마이크로소프트와 IBM이 운영체제 주도권을 두고 다툼을 벌였다는 정도의 규모였다면, 이제는 거대기업들이 곳곳에서 자신들의 성을 구축하고 있습니다. 이미 성이 확고하게 구축된 분야도 있고, 우리가 전혀 예측할 수 없는 분야에서 새로운 성을 쌓을 수도 있을 듯합니다.

그럼 현재까지 이와 관련된 비즈니스가 운영되는 형태를 간단하게 분류해볼 수 있을 듯합니다. 특히 FANG 같은 플랫폼 기업들이 연관되어 있는 분야에서 보면 말입니다.

첫째, 기존 플랫폼 기업들이 확고하게 틀어쥐고 있는 핵심 기반 역량 분야입니다. 구글의 검색, 넷플릭스의 콘텐츠, 애플의 아이폰 판매 등이지요. 이런 영역은 강력한 독점시장이 구축되어 다른 기업들이 정면으로 경쟁하기 매우 어렵습니다.

둘째, 플랫폼 기업의 핵심역량을 활용한 응용 서비스를 창출해내는 비즈니스 분야입니다. 실제로 거의 대부분의 기업들이 주요 IT 기업들의 서비스를 직간접적으로 활용하고 있습니다. 하다못해 회사 홈페이지에서 자사의 약도를 네이버 지도를 써서 표시하는 경우가 너무나 흔하지 않습니까?

셋째, 플랫폼 기업의 서비스와 직접 경쟁하는 비즈니스 영역입니다. 넷플릭스와 경쟁하다가 결국 파산한 미국의 비디오테이프 대여업체인 블록버스터, 애플의 아이튠스 뮤직 서비스와 경쟁해야 했던 음악 CD 등이 생각납니다. 이렇게 비지니스 분야를 분류해본다면, 앞으로도 플랫폼 기업의 지배력은 점점 강화될 것으로 예상됩니다.

과거에는 플랫폼 기업이라 불릴 만한 것은 마이크로소프트뿐이었습니다. 2000년대 초반까지만 해도 빌 게이츠는 악의 사도처럼 묘사되기도 했고, 구글은 '사악해지지 말자'라는 모토를 통해 마이크로소프트처럼 되지 않겠다는 메시지를 은연중에 내비치기도 했습니다.

그런데 지금에 와서는 오히려 이러한 플랫폼 기업이 4~5개로 늘어났다고 볼 수도 있습니다. 어떤 면에서는 플랫폼들끼리의 경쟁이 생겨난 것이지요.

앞으로는 이들이 자기 플랫폼의 영역을 확대하기 위해서 온갖 경쟁을 시작하게 될 텐데요. 어떤 점이 핵심적인 경쟁 포인트가 될 수 있을까요?

플랫폼 기업은 구글이나 마이크로소프트처럼 범용의 기반기술 및 서비스를 제공하는 기업만 있는 것이 아닙니다. 에어비앤비와 우버, 독일 지멘스나 미국 GE처럼 자신의 영역에 특화된 플랫폼을 제공하는 업체들도 있습니다. 이들까지 합치면 숫자는 더욱 많아지고 경쟁 구도도 더욱 복잡해집니다.

이런 상황에서 경쟁우위를 창출할 수 있는 요인은 첫째는 인공지능 등 기반기술 역량이고, 둘째는 기술 응용 대상 분야에 대한 전문지식 및 노하우입니다. 마지막으로 그 두 가지 이상으로 중요할 수도 있는 또 다른 요인이 바로 데이터의 보유입니다.

앞에서 여러 차례 반복하여 강조했듯, 4차 산업혁명의 핵심은 데이터입니다. 플랫폼 생태계를 이루는 다수의 기업들이 상호작용을 하면서 서비스를 제공하는 과정에서 많은 데이터가 생산됩니다. 그리고 이렇게 생겨난 데이터를 더 많이 확보하고 더 효과적으로 분석하여 자신이 제공하는 서비스에 피드백으로 반영할 수 있는 기업이 우위에 서게 됩니다.

이 과정에서 '여러 기업이 제휴해서 제공하는 서비스에서 발생한 데이터는 어느 기업에 귀속되는가?'라는 문제가 생깁니다. 예를 들어 구글의 인공지능 주행 시스템을 탑재한 자율주행차에서 생산되는 주행 데이터는 구글로 가게 될까요? 아니면 그 자동차의 제조업체로 가게 될까요?

만약 그 차에 탑재된 자율주행 소프트웨어가 구글이 직접 만든 것이 아니라, 구글의 인공지능 개발툴을 활용하여 다른 자율주행 전문 소프트웨어 업체가 개발한 것이라면, 이 업체로도 데이터가 갈 수 있을 것입니다. 이 경우 자동차 제조업체는 단지 하드웨어를 제공할 뿐이고 소프트웨어 역량이 거의 없다면, 자기들이 만든 차에서 생산된 주행 데이터를 확보하지 못할 수 있습니다. 반면, 자동차 제조업체가 운행 소프트웨어의 개발에서 상당한 역할을 했다면, 그 자동차에서 발생한 운행 데이터를 확보하고 활용할 수 있을 가능성이 더욱 높아집니다.

공공 데이터의 역할과 정책

___사실 데이터의 생산주체는 매우 복합적인데요. 일반 사용자들이 데이터를 발생시키는 역할을 하고, 기업이 이를 기업이 취합하고 정돈하는 역할을 하지요. 이러한 경우 데이터 사용으로 얻은 이익은 기업이 사유할 것이 아니라 공공적으로 쓰여야 한다는 주장이 나오기도 합니다.

한편 데이터가 공공 부문에서 생산되는 경우도 많습니다. 이런 것들은 매우 고품질이라고도 볼 수 있는데요. 공공 부문 데이터는 접근에 제약이 훨씬 덜할 터이니, 지금보다 더욱 활발히 이용될 수 있지 않을까요?

말씀하신 대로 데이터의 생성 및 수집 단계는 여러 주체가 복합적으로 참여합니다. 가장 먼저 소비자가 있으며, 하드웨어 플랫폼을 제공하는 업체, 응용 소프트웨어 제공업체, 기반기술 플랫폼 제공업체 등이 있고, 이러한 데이터를 유무선 네트워크를 통해 전송하는 통신사도 있습니다.

그렇다면 이처럼 복잡한 상호작용의 관계 속에서 생성된 데이터를 '특정한 한 기업이 전유하여 사용해도 되는 것인가?'라는 의문을 당연히 제기할 수 있습니다. 그리고 이런 과정에서 시장 주도적 위치의 사업자가 데이터를 전유함으로써 새로운 독과점의 원천이 되고 있다는 비판이 실제로 활발히 제기되고 있습니다.

최근 영국의 세계적인 시사경제 주간지 《이코노미스트》는 전 세계적으로 독과점과 싸우고 경쟁을 촉진해야 불평등의 확산을 막고, 자본주의를 위기에서 구해낼 수 있다고 선언했습니다. 그리고 독과점과 싸우기 위한 가장 중요한 조치로서 데이터 독점의 해소를 들고 있습니다. 또한 《이코노미스트》는 소비자가 사용하는 서비스업체구글이나 페이스북, 우버 등에서 자신이 의도하지 않게 생성시킨 데이터를 다운로드 받아 가져갈 수 있는 청구권을 부여하고, 소비자가 그렇게 받아낸 데이터를 다른 경쟁업체에 제공할 수 있게 하자고 제안했습니다. 아예 다른 경쟁업체들이 기존의 선두 플랫폼 사업자가 보유한 데이터를 자기들도 쓸 수 있게 판매해달라고 요구할 수 있는 강제조항을 두

자는 제안도 있었습니다.

데이터의 소유권은 일반적인 재화의 소유권보다 더욱 복잡한 측면이 있으며, 광범위하게 외부효과를 가져온다는 측면에서 공공재적 성격이 강한 것이 사실입니다. 그러므로 지금처럼 마치 먼저 주운 사람이 임자라는 식으로, 시장에서 주도권을 쥔 업체가 그냥 가져가서 자기 것처럼 전유하는 것은 곤란하고, 공정한 데이터 소유권의 원칙을 반드시 정립할 필요가 있습니다.

공공 부문은 이와 같은 데이터 소유권을 둘러싼 다툼을 조정하는 심판 역할을 한다는 측면에서 역할이 크지만, 또한 공공 부문 자체가 대량으로 데이터를 생성하고 보관하는 주체이기도 합니다. 아마 단일 주체로서는 그 어떤 기업보다도 더 많은 데이터를 수집하고 보유하는 곳일 것입니다.

예를 들어 모든 기업들이 소비자의 인적사항에 대한 정보를 알고 싶어하는데, 정부는 주민등록 등 전 국민의 인적사항에 대한 정보를 가지고 있습니다. 또한 위치정보가 점점 더 모든 서비스의 기본이 되고 있는데, 정부는 지도와 토지대장 등 위치정보를 대량으로 보유하고 있습니다. 그밖에도 의료 데이터, 공공요금 납부 내역 기록, 주택 등기 및 차량 보유 데이터 등 사업적으로 활용할 수 있는 무수히 많은 데이터들을 가지고 있습니다.

이른바 4차 산업혁명을 위한 정부의 공공 데이터의 역할론이 많이 거론됩니다. 여기에는 필연적으로 사생활 및 개인정보 보호 이슈가 생길 수밖에 없습니다. 따라서 "개인정보를 중시하여 공공 데이터

공개를 더욱 제한하자", 또는 "데이터 비즈니스를 활성화하기 위하여 개인정보 보호 규제를 완화하고 더 많은 개인정보를 공개하자"는 논쟁이 계속되어왔습니다.

여기서 중요한 것은 개인정보 보호를 더 완화하느냐, 강화하느냐의 이분법이 아니라고 생각합니다. 그보다는 실질적으로 개인의 사생활과 자신의 데이터에 대한 데이터 주권을 보장하기 위해 데이터를 공개해야 하는 경우와, 규제를 더욱 강화해야 하는 경우를 정확히 판정하는 일이 더 중요하다고 봅니다.

축구에 비유하자면, 수비수가 태클을 할 때 어디까지가 정당한 태클이고, 어디부터는 반칙에 해당되고, 어느 선을 넘으면 옐로 카드이고, 어느 선을 넘으면 레드 카드가 나오는지, 심판이 정확하고 분명한 기준을 가지고 있어야 한다는 것입니다.

심판이 일관된 기준을 가지고 있느냐 여부는 그 심판이 반칙 판정에 더 관대하냐 엄격하느냐 여부보다 훨씬 더 중요합니다. 심판이 정확한 판정을 내리려면 무엇보다도 축구에 대해 잘 알아야 합니다. 단순히 규제가 더 엄격하냐 더 느슨하냐보다 훨씬 더 중요한 것은, 그 규제가 데이터에 대해 제대로 알고 만들어졌느냐, 일단 만들어지고 나면 일관되게 집행이 되느냐입니다.

공공 데이터는 기업 입장에서는 '데이터의 성배'처럼 소중한 것입니다. 따라서 공공 데이터의 개방과 정보보호의 균형점을 칼날같이 잡아야 할 필요가 있습니다.

이번 장에서는 기업 생태계를 다루어보았습니다. FANG으로 대변되는 거대 플랫폼 기업들은 마치 육식공룡처럼 최상위 포식자의 모습을 하고 있습니다. 그러나 기업 생태계가 이들에게 모두 먹혀버릴 것이라는 절망감이 들지는 않습니다. 여전히 새로운 기업들이 탄생하고, 그들은 새로운 부가가치를 창출해낼 것입니다. 그들의 기회는 어디에 있을지 생각해보았습니다.

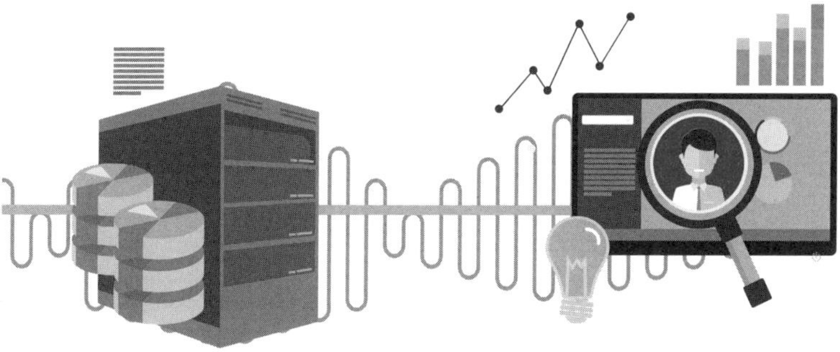

12장

4차 산업혁명

어떻게 대비할 것인가?

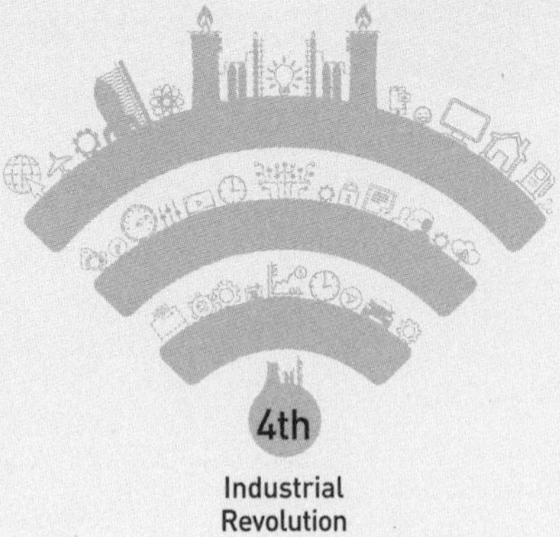

4차 산업혁명은 있지만, 4차 산업은 없다

____4차 산업혁명이라는 말은 우리들에게 희망보다는 오히려 공포로 다가오는 경우가 많은 것 같습니다. '완전히 새로운 세계가 펼쳐진다는데 적응할 수 있을까? 엄청나게 많은 직장이 통째로 사라진다는데 뭘 해서 먹고살아야 하나? 새로운 기술기업들이 온 세계를 정복한다는데 우리 회사는 살아남을 수 있을까? 우리 아이들은 어떻게 교육시켜야 하나?' 등등.

미리 대비하는 것과 미리 걱정하는 것은 좀 다른 것 같습니다. 굳이 오지 않은 미래를 마음대로 상상하면서 걱정만 하는 것은 그리 유익해 보이지 않습니다. 어떤 미래가 오더라도 적응할 수 있는 준비를 하는 것이 필요하겠지요. 이번 장에서는 4차 산업혁명 시대를 어떻게 준비할 것인가라는 주제를 다루어보겠습니다. 이것은 개인, 기업, 정부라는 경제주체 모두에게 매우 절실하게 다가오는 문제입니다. 개인, 기업, 정부의 역할과 대비에 대해 자유롭게 이야기를 나누어보겠습니다.

우리가 그동안 "미래에 대비해야 한다!"라는 말을 한 것이 근래 4차 산업혁명에 대한 논의가 처음은 아닐 것입니다. 거슬러 올라가면, 우리는 구한말부터 이미 100여 년이 넘게 미래를 어떻게 대비하느냐에 대해 고민해왔습니다. 그런데 이럴 때 우리가 주로 취해온 방법은 이러이러한 것은 미래지향적이고, 나머지는 시대에 뒤처진 것이라고 구분 짓는 것이었습니다.

예를 들어 과거 1970~80년대 중화학공업 육성정책을 펼치던 시절에는 1960년대 우리 경제의 성장을 이끌었던 경공업은 시대에 뒤진 것이고, 자동차나 철강, 조선 같은 새로운 산업으로 나아가야 한다고 했지요. 그리고 PC가 도입되고 인터넷이 확산되던 시절에는 "산업화는 늦었지만 정보화에는 뒤쳐지지 말자!"라는 구호를 내세우면서 정보산업의 육성에 총력을 기울였습니다.

그러니까 4차 산업혁명을 대비하자고 할 때도 자연스럽게 이러이러한 것이 유망한 분야니 여기에 집중해야 한다는 식의 접근 방식이 자연스럽게 여겨집니다. 그래서 4차 산업혁명 시대에 유망할 산업을 '4차 산업'이라고 부르며, "그 4차 산업이 뭐냐?"라면서 드론산업을 꼽기도 하고, 로봇산업을 꼽기도 하면서 갑론을박을 합니다.

그런데 문제는 4차 산업혁명 시대에는 특정한 몇몇 산업을 미래의 신성장동력 분야라고 특정하는 것이 매우 어렵다는 것입니다. 왜냐하면 4차 산업혁명 자체가 IT 산업과 비 IT 산업의 경계를 허무는 전방위적인 융합을 핵심으로 하며, 기존에 굴뚝산업으로 불리며 사양산업 취급을 받던 산업들이 IT 기술을 대대적으로 채용하면서 새롭게 유망 분야로 떠오르고 있기 때문입니다.

그래서 4차 산업혁명은 존재해도, 4차 산업은 존재하지 않는 것입니다. 특정한 산업을 유망산업으로 지목하고, 나머지 산업과 구분 짓는 것 자체가 4차 산업혁명의 개념과 정면으로 배치됩니다. 그러므로 '앞으로 이러이러한 분야가 유망한 분야니 여기에 집중하자~'라는 프레임에서 벗어나는 것부터, 4차 산업혁명에 대한 대비가 시작될 수 있다고 생각합니다.

기본기가 트렌디함에 우선한다

___주변에서 가장 많이 나누는 대화 중 하나가 역시 자녀교육 문제입니다. 세상이 무섭게 변한다는데 도대체 무엇을 어떻게 가르쳐야 하나 걱정이 많습니다.

가만히 생각해보면 세상이 어떤 식으로 바뀌든 간에, 결국 필요한 것은 세상을 이해할 수 있는 능력일 것입니다. 그런 기초가 있어야 바뀐 세상에 적응할 수 있을 테니까요. 또한 그런 이해력을 갖추기 위해서 가장 좋은 교육은 국어, 영어, 수학과 사회, 과학 과목들일 수밖에 없습니다. 바로 현재의 교육과정이겠지요.

일각에서는 코딩교육이 필요하다, 기계번역이 나오니 외국어 공부는 할 필요가 없다는 등의 주장을 하지만, 위험한 면이 많은 주장이라 생각합니다. 현행 교과과정은 지금의 세계를 가장 잘 이해하기 위해 고안된 체계이고, 그 이해에 기반하여 미래도 준비할 수 있을 것입니다.

"미래에는 이것이 유망할 거야!" 기업은 이러저러한 미래 아이템에 뛰어들어야 하고, 학생들은 이러저러한 미래적인 아이템을 공부해야 하고 등등……. 이런 이야기는 결국 건강을 위해서는 이러저러한 것이 몸에 좋으니 먹어야 한다는 것과 비슷한 소리일 수 있습니다. 그런데 진정한 건강의 비결은 대단히 특별한 것을 골라서 하는 것이 아니라, 그냥 기본을 지키면서 사는 것 아닙니까? 규칙적으로 생활하고, 골고루 잘 먹고, 적당히 꾸준히 운동하고, 스트레스 안 받고 즐겁게 살고.

결국 미래를 대비하기 위해서는 뭔가 미래적인 아이템을 족집게 과외하듯이 잘 집어낸다고 되는 것이 아니라, 기본에 충실한 것이 최고가 아닐까 생각합니다.

IT 기술이 급속도로 발달한다고 하지만, 그 기반기술을 보면 의외로 오랫동안 변하지 않습니다. 인공지능의 기본원리에 해당하는 개념들은 이미 수십여 년 전부터 시작된 것입니다. 다들 코딩 교육을 해야 한다고들 하는데, 코딩 교육에서 많이 배우는 C언어도 1970년대에 생겨난 것입니다.

무엇인가 트렌디한 것을 배워야 한다는 강박에서 벗어나야 합니다. 트렌디한 것을 배운다면, 시간이 지나면 금방 트렌디하지 않게 될 것입니다. 학생이었을 때는 다소 트렌디하지 않게 보이더라도 신경 쓰지 말고, 기본기 위주로 교육을 받아야 합니다.

그렇다고 기본기에 해당하는 것이 아예 변하지 않는 것은 아닙니다. 특히 무엇이 더 주목받고 강조된다는 식의 비중 변화는 수시로 일어납니다. 예를 들어 통계학 자체는 전혀 새로울 것도 트렌디할 것도 없는 기본기이지만, 인공지능 기술이 트렌디하게 되면서 통계학이라는 기본기가 다른 기본기들에 비해 특히 주목받고 비중이 커졌습니다. 기업들도 트렌디한 아이템에 특화된 교육을 받은 학생보다는 기본기가 탄탄한 학생을 선호하는 경우가 많습니다. 왜냐하면 트렌디한 아이템은 시간이 지나면 유행에 빠르게 뒤처지게 되기 때문입니다. 융합교육의 필요성이 강조되지만, 주 전공이 확고하게 받쳐주어야 그것을 바탕으로 타 전공과의 융합도 가능하지요.

미래의 산업정책

___기본을 강조하는 일은 개인이나 기업이나 마찬가지이듯, 정부도 똑같다고 봅니다. 사실 근래에 와서는 정부가 주도하여 중점 산업 분야를 선택하고 적극 지원하는 식의 산업정책은 매우 낡은 방식으로 여겨집니다. 정부는 산업적·기술적·제도적 인프라를 구축하여, 기업들이 그 기반 위에서 좀 더 자유롭게 생산활동을 할 수 있도록 지원하는 것으로 정책의 축이 바뀌어가

고 있지 않습니까?

과거의 산업정책은 정부가 소수의 산업을 유망산업으로 찍고 지원을 몰아주는 식이었지요. 그런데 4차 산업혁명 이야기가 나오기 훨씬 전부터, 이런 방식에 문제가 있다는 지적이 많았습니다. 일단 과거에 세상을 바꾼 커다란 혁신들은 대부분 정부가 의도적으로 타겟팅Targeting을 해서 나온 것들이 아닙니다. 실제로 산업정책이 효력을 발휘한 것은 새로운 혁신을 선도하는 경우보다는 후발국가가 따라잡기식 성장을 추구하는 경우가 더 많았지요.

유망산업 분야를 골라서 밀어주자는 식의 전통적인 산업정책을 계속하는 것은 4차 산업혁명 시대를 대비하는 좋은 방법이 아닙니다. 이것은 미래를 과거의 방식으로 대비하는 것입니다.

그렇다고 모든 혁신을 그냥 시장에 맡겨두고, 정부는 팔짱만 껴야 한다는 것은 절대 아닙니다. 그 이유는 기술이란 파급효과가 전 사회에 걸쳐 넓게 미치는 공공재적 성격을 가지고 있기 때문에, 그냥 시장에만 맡기고 내버려두면 시장의 실패가 발생하기 때문입니다.

광범위한 파급효과를 가져오는 기술, 이른바 '배워서 남 주자~'는 식으로 기술을 직접 개발한 주체 이외에도 그 효과가 넓게 미치는 종류의 기술은, 민간에만 맡기면 과소투자가 될 가능성이 높습니다. 이런 부분에서 정부가 재정을 투입하면서 적극적 역할을 해야 합니다.

즉, 산업정책에서 타기팅은 여전히 필요합니다. 그러나 특정한 산업들이 아니라, 산업발전에 필수적인 기반기술의 개발에 타기팅을 해야 합니다. 예를 들어 공공 부문이 인공지능이나 수학과 통계학, 자료

처리 기술 등 핵심적인 범용 기반기술 개발을 지원하고, 그 혜택이 관련 분야를 연구하는 대학과 연구소의 연구자들, 그리고 대학원생들에게 골고루 미치게 된다면, 그 파급효과는 특정한 산업뿐 아니라 한국 경제 전체에 미치게 될 수 있을 것입니다.

4차 산업혁명과 온고지신

___"하늘 아래 새로운 것은 없다"는 오래된 격언이 생각납니다. 4차 산업혁명이라는 주제도 최근 들어 주목받고 있지만, 사실 수십 년 전부터 계속 연구되어온 것들이 이제야 주목받게 된 부분도 클 것입니다. 가장 많이 언급되는 인공지능 분야도 이미 통계학 및 컴퓨터과학 분야에서는 오래전부터 연구가 계속 이어진 분야이기도 하고요.

그런 의미에서 과학과 기술의 불연속면을 너무 강조하는 최근의 논쟁들은 오히려 현실을 제대로 보지 못하게 하는 경향도 있습니다.

기업 입장에서도 이런 기술의 연속성은 여전히 중요합니다. 무언가 세상에 없던 새로운 것이 하늘에서 툭 떨어지는 것은 없습니다. 지금 가장 주목받고 있는 신기술들도 대부분 과거의 어떤 부족한 면들을 메꾸려는 노력이 시장의 성공으로 이어진 것입니다.

우버는 택시 비즈니스의 빈틈을 찾았고, 에어비앤비는 호텔 비즈니스의 연장선상에 있습니다. 현재 비즈니스의 틈새를 치열하게 찾고 이를 크고 작은 개선으로 메꿔나가는 것이야말로, 가장 단순하지만 확실한 미래 대비책이 아닐까 생각합니다.

4차 산업혁명이란 한마디로 '온고지신溫故知新'이 아닐까 생각합니다. 자율주행차를 만들려면 일단 자동차에 대해 알아야 하며, 스마트팩토리를 만들려면 공장의 생산공정에 대해 잘 알아야 합니다. 우버나 에어비앤비 같은 비지니스도 택시와 숙박에 대해 잘 알아야 하죠. 그리고 그 기반에 인공지능 등 새로운 기술에 대한 이해를 덧붙여서 새로운 기회를 찾아내는 것입니다.

결국 이처럼 굉장히 이질적인 요소들, 다양한 영역의 지식과 노하우들을 통합해 결과를 만들어내는 것이 핵심적 도전과제입니다. 그런데 이러한 통합을 성공적으로 수행하려면 일단 목표를 분명히 설정하고, 그러한 목표를 달성한다는 한 가지 방향성에 집중해서 모든 구성요소들을 그 방향에 맞게 정렬해야 합니다.

신기술의 구현 그 자체가 목적이 되어서는 일관된 방향성을 가질 수가 없습니다. 성공적인 혁신을 위해서는 "혁신을 위한 혁신을 하지 말라Don't innovate to innovate"는 격언이 있습니다. 혁신은 어떤 목적을 달성하기 위해 하는 것이지, 그저 트렌디함 그 자체가 목적이 되어서는 안 됩니다.

그런데 이것은 어떻게 보면 가장 걱정되는 부분입니다. 우리나라는 압축적 근대화를 했을 뿐만 아니라 주입식 암기 위주의 근대화를 하기도 했습니다. 그 결과 서구 선진국들로부터 이른바 근대문명의 각 부분들을 별개로 수입해오는 식으로 따라잡기 근대화를 했습니다. 하지만 그런 개별적 요소들을 관통하는 일관된 원리에 대한 인식은 부족했는데, 이는 개별적인 구성요소의 통합에서 약점으로 작용합니다.

구한말 이래 우리나라의 근대화 역사를 보면, 트렌디함의 추구, 시대의 유행에 뒤처지지 않으려는 필사적인 몸부림이 부각됩니다. 구한말을 다룬 드라마를 보면, 커피를 마시는 것이 유행이 되는데, 그 와중에 커피를 못 마시는 사람이 있으면 손가락질을 하면서 "공은 가베커피도 마실 줄 모르오? 그렇게 개화에 뒤처져서 어떻게 하시려고 그러오?!"라고 하는 장면이 나옵니다.

개별적으로 트렌디한 아이템들을 수입해와서 그러한 트렌디함을 향해 맹렬히 달려온 결과, 지금까지의 고속성장이 가능했던 것일지도 모릅니다. 하지만 그 부작용으로 서로 다른 이질적 요소들을 조화롭게 융합해서 원래 추구했던 목적에 기여하는 합목적성을 가지도록 하는 데는 약점이 생기게 되었습니다. 앞으로 고도의 전방위적 융합이 중심이 되는 사회가 도래하면, 그런 점에서 우리 사회가 적응에 어려움을 겪지 않을까 걱정됩니다.

그렇다고 '아, 우리가 걸어온 근현대사의 방향이 잘못되었어'라고 한탄만 해서는 소용이 없습니다. 지금부터라도 과거 우리 선배들이 지금은 상상도 못할 열악한 상황에서 이해를 못하면 암기라도 하자면서 배워온 것들을, 이제 다시 그 원리를 복기하면서 사후적으로 원리 이해 학습에 나서야 합니다. 모든 일을 할 때 언제나 자신의 자리에서 '이 일은 왜 하는 것일까?'라는 것에 대해 끊임없이 의문을 가지고, 또한 자기가 하는 일을 '지금과 다른 방식으로 해볼 수는 없을까? 새로운 기술을 적용해보면 지금 하는 일을 더 잘할 수 있지 않을까?'라는 치밀한 고민이 있어야 합니다.

4차 산업혁명이라 불리는 새로운 시대적 변화를 맞아서, 마치 최신 유행 패션 아이템을 갖추어 입듯이 변화의 외양에만 몰입하는 것이 아니라, 그 변화의 배후에 있는 원리에 대해 얼마나 치밀하게 고민할 수 있느냐가 앞으로 우리의 성패를 좌우할 것이라고 생각합니다.